Widmung

Dieses Buch ist meinem Ehemann Thomas gewidmet, der mich vor mehr als 15 Jahren in die Geheimnisse der Reptilienwelt einwies und mir mit viel Geduld und Nachsicht auch die kleinen "Krabbeltiere" näherbrachte, mit denen unsere Terrarientiere ernährt werden. Diese Erfahrungen eröffneten mir die wundervolle und faszinierende Welt der Terraristik.

Vorwort

Das Thema der Ernährung von Tieren im allgemeinen und von Reptilien im besonderen ist so umfassend, daß wir hier unser Augenmerk nur auf die insektivoren (insektenfressenden) Echsenarten richten wollen. Dabei handelt es sich überwiegend um kleine bis mittelgroße Echsen, die vom Sumpfland bis zur Wüste eine Vielzahl von Lebensräumen bewohnen. Die Mehrheit aller Echsenarten ist carnivor (fleischfressend), was ihre Ernährung auf den ersten Blick problemlos erscheinen läßt. Allerdings werden viele dieser als "einfach" bekannten Arten in der Terraristik bis heute noch nicht mit dem Erfolg gepflegt, wie er von Pflegern anderer Reptilien, besonders von Schlangenpflegern, nachgewiesen werden kann. Dieses Buch soll Aufschluß über die Pflege und speziell über die Ernährung dieser Echsen geben. Es soll einige Gründe dafür aufzeigen, weshalb bei vielen Echsenarten die Anpassung an das Leben im Terrarium Probleme bereitete oder noch bereitet und manche der Fragen beantworten, die nur selten und gewöhnlich erst nach dem Ableben eines Tieres gestellt werden. Es sollte nicht übersehen werden, daß das Wissen über die Ernährung für alle Echsen lebenswichtig ist und die Pflege echter Futterspezialisten dem erfahrenen Terrarianer überlassen bleiben sollte.

Die Informationen in diesem Buch sind für den Terrarianer gedacht, der sich mit der Haltung und Zucht von mehr oder weniger "gewöhnlichen" Echsenarten beschäftigt. Wer behauptet, ein Buch, das sich mit der Ernährung von Echsen befaßt, wäre zu spezialisiert, der sollte seine Einstellung zur Terraristik noch einmal überdenken. Das Ziel eines gewissenhaften Terrarianers ist die erfolgreiche Pflege und Vermehrung seiner Tiere, wozu auch das anhaltende Interesse an möglichst vielen zusätzlichen Informationen gehört.

R.D. BARTLETT

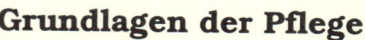

Die zunehmende Beliebtheit von Terrarientieren, wie dieses Chamäleon (*Chamaeleo calyptratus*), erfordert eine genaue Kenntnis über die Haltungsbedingungen im Terrarium.

Grundlagen der Pflege

Die erforderlichen Schritte, um eine Echse in menschlicher Obhut gesund zu erhalten und zu vermehren, können als Pyramide dargestellt werden. Hierdurch wird deutlich, daß jede weiter nach oben führende Erfolgsstufe nur erreicht werden kann, wenn die vorangegangene als

R.T. ZAPPALORTI

Dieses gesunde, robust wirkende Exemplar eines Leopardleguans *(Gambelia wislizenii)* genießt offensichtlich eine optimale Pflege und Ernährung.

gegeben zu betrachten ist. Das sieht etwa so aus:

- **Fortpflanzungserfolg**
- **richtige Ernährung**
- **angemessene Unterbringung**
- **gesunde Tiere als Ausgangspunkt**

Dieses Modell kann im Prinzip auf jeden lebenden Organismus angewendet werden. Natürlich gibt es einige Echsen, die sich auch ohne optimale Unterbringung vermehren, vermutlich weil man hier nur auf minimale Grundbedürfnisse trifft. Das erlaubt das Überspringen einer Stufe, was ohne Rücksicht auf die Unterbringung gleich zum Punkt der Ernährung führt. Im Laufe der Zeit und mit zunehmender Vertrautheit mit dem Verhalten der betreffenden Tiere wird man feststellen, daß dieses Pyramidenmodell grundsätzlich zutrifft.

Die Anschaffung

Für manchen Terrarianer erscheint der Kauf beim Händler als der einfachste Weg. Man geht in das nächste Zoogeschäft mit Reptilienangebot und sucht sich etwas Passendes aus. Aber das ist nicht der richtige Weg. Für ein langfristiges Haltungsprogramm ist es unerläßlich, so viel wie möglich über die Pflegeansprüche der betreffende Art zu wissen, damit sie eine Überlebenschance hat.

In erster Linie sollte man wissen, wie die ins Auge gefaßte Art bei gutem Gesundheitszustand aussieht. Den Verkäufer einfach ein Tier von vielen aus einem Terrarium herausfangen zu lassen, ist keine gute Idee. Das dünne, scheue, in der Ecke sitzende, kleine Tierchen zu wählen, um es zu Hause liebevoll wieder aufzupäppeln, ist auch nicht zu empfehlen. Eine Echse, die sich offensichtlich nicht gerade in bestem Gesundheitszustand befindet, ist dem Tode vielleicht bereits näher als man denkt. Bei Reptilien können Krankheitsanzeichen erstaunlich lange im Verborgenen gedeihen, so daß es oft schon zu spät ist, wenn man letztlich auf sie aufmerksam wird. In der Natur zieht ein offensichtlich krankes Tier die Aufmerksamkeit von Freßfeinden auf sich, wodurch das Leiden ein Ende hat. Im Terrarium leiden die Tiere häufig sehr viel länger. Für einen Terrarianer ist es deshalb sehr wichtig, wirklich gesunde Exemplare auszuwählen. Hier einige zu beachtende Punkte:

1.) Ein Terrarium, in dem sich auch nur ein Tier mit Krankheitsanzeichen befindet (Maulfäule, Knochenverformungen usw.), ist wahrscheinlich verseucht. Knochendeformationen sind zwar nicht ansteckend, jedoch unterliegen alle Tiere in diesem Behältnis denselben Pflegebedingungen und können schon kurze Zeit später ähnliche Symptome aufweisen. Auch wenn man bereits seit Jahren nach dieser einen speziellen Art gesucht hat oder diese besonders selten ist, sollte man sein Geld in einem solchem Fall für eine bessere Gelegenheit aufsparen. Ebenfalls deuten gewöhnlich harmlose Parasiten, wie Milben, auf eine mangelhafte Haltung hin, die durch Streß die Vermehrung solcher Parasiten begünstigt.

2.) Die Tiere sollten wohlgenährt und aktiv sein. Klare Augen und ein guter Appetit sind Hinweise für einen intakten Gesundheitszustand.

3.) Ein großes Problem bei vielen Echsenarten ist die Tatsache, daß es sich um importierte Wildfänge handelt, von denen die meisten Träger von Innenparasiten sind.

In der Natur stellt das gewöhnlich kein Problem dar, jedoch profitieren die Parasiten von einem geschwächten Zustand der Echse, der durch den Streß des Fangs, des Transportes und der gewöhnlichen schlechten Unterbringung und Pflege während der Zwischenhälterung bedingt ist. Sie vermehren sich explosionsartig und geraten außer Kontrolle. Deshalb sollten auch alle neuerworbene Tiere, besonders importierte Exemplare,

Bei Wildfangtieren wie diesem Apothekerskink *(Scincus scincus)* muß mit Innen- und Außenparasiten gerechnet werden.

R.D. BARTLETT

R.D. BARTLETT

Oben: *Uromastyx beuti* ist eine Wüstenart, die eine heiße und trockene Haltung benötigt.
Unten: Chamäleons sind nichts für Anfänger. Auch sind sie oft Träger von Parasiten,
die unschädlich gemacht werden müssen. Foto: Chamaeleo labordi.

R.D. BARTLETT

von einem Tierarzt auf Innenparasiten untersucht werden. Einige Arten sind besondes für dieses Problem bekannt, beispielsweise Chamäleons und besonders aus Asien importierte Arten. Eine Echse, die trotz Futteraufnahme an Lebendmasse verliert, tiefliegende Augen hat und träge ist, leidet vermutlich unter Parasitenbefall. Ein solches Tier sollte nicht mit anderen vergesellschaftet, son-

geeignete Unterbringung ein sehr großes Terrarium oder sogar sein eigenes Zimmer fordert.

6.) Viele Echsenarten sind als "schwer haltbar" bekannt. Einige Echsen, wie manche Chamäleons, Krötenechsen und Agamenarten, benötigen zum Überleben ganz spezielles Futter und/oder Lebensräume. Solche Arten sollten den wirklich erfahrenen Terrarianern vorbehalten

K.T. NEMURAS

Ein gesunder *Cyrtodactylus pulchellus* mit schönen, klaren Augen.

dern in Quarantäne gehalten und schnellstens einem Tierarzt vorgeführt werden.

4.) Ein anderes Problem bei einigen Importtieren ist die Möglichkeit, daß sie sich nicht an ein Leben im Terrarium gewöhnen, langsam dahinsiechen und letztendlich sterben. Man sollte also immer versuchen, Tiere aus Terrariennachzucht zu erwerben - nicht nur, um die Wildpopulationen zu entlasten, sondern auch weil sich Nachzuchttiere in der Regel besser an die neuen Lebensbedingungen anpassen.

5.) Der "emotionale" Kauf kann auch ein Problem sein. Der kleine, niedliche, farbenprächtige Nilwaran, entdeckt in einem Zooladen, wird letzlich zu einem 1,80 m langen, grauen und oftmals ziemlich unfreundlichen Gesellen, der als

bleiben.

7.) Echsen können wie jedes andere Tier erkranken. Deshalb ist es wichtig, sich nach einem Tierarzt umzuschauen, der auf solche Tiere spezialisiert ist, und das möglichst, bevor man sich die Tiere anschafft. Hausrezepte oder für Menschen gedachte Arzneien werden einer Echse gewöhnlich mehr schaden als helfen, und selbst wenn der Zooladen an der Ecke eine Vielzahl von Mittelchen gegen häufige, leicht zu kurierende Krankheiten anbietet, ist das nicht die Lösung. Eine richtige Diagnose und die entsprechende Behandlung und Anwendung von Medikamenten sind oftmals nicht einfach und sollten dem Fachmann überlassen werden. Terraristische Vereine können möglicherweise mit der Adresse eines geeigneten Tierarztes behilflich sein.

R.D. BARTLETT

Oben: Ein Regenwaldbiotop in Südflorida. Beachtenswert ist der üppige Wuchs von Farnen und Bromelien *(Tillandsia sp.)*, die vielen Reptilienarten ein Zuhause bieten. **Unten:** Eine unzumutbare Unterbringung von Grünen Leguanen *(Iguana iguana)*. Schmutzige, überbesetzte Terrarien bieten den geeigneten Nährboden für Krankheiten.

MARA

Nachdem das vorangegangene Kapitel hoffentlich zur Auswahl von gesunden Tieren beigetragen hat, und alle vorher zu bedenkenden Punkte eingehend überlegt und berücksichtigt wurden, können wir uns nun der nächsten Stufe unserer Pyramide zuwenden.

Es sei nochmals erwähnt, daß "Neuzugänge" von einem Tierarzt untersucht und zunächst getrennt von anderen Tieren gepflegt werden sollten. Diese Quarantänehaltung dauert generell mindestens vier Wochen oder, in Krankheitsfällen, bis das Tier als wirklich geheilt betrachtet werden kann und keine Ansteckungsgefahr mehr für die anderen Tiere besteht. Wird diese Regel nicht eingehalten, kann es keine Garantie für eine erfolgreiche Haltung oder Vermehrung geben. Der Erfolg bleibt dann dem Zufall überlassen, der einem vielleicht glücklicherweise gesunde, parasitenfreie Exemplare beschert hatte.

Warum nun aber ist ein Kapitel über die Haltung von Echsen in einem Buch über ihre Ernährung notwendig? Weil eine falsch gehaltene Echse nicht frißt und somit alles Wissen über ihre Ernährung nutzlos wird.

Daß ein gesunder Tierbestand die Grundlage für eine erfolgreiche Echsenhaltung ist, wurde bereits erklärt. Der nächste Schritt muß nun zu einer angemessenen Unterbringung getan werden. Diese richtet sich nach den jeweiligen Ansprüchen der zu pflegenden Art.

Eine Wüsten bewohnende Echse benötigt ein trockenes, sehr warmes Terrarium, das gewöhnlich mit einem Sandboden, Steinaufbauten und/oder trockenen Grasbüscheln ausgestattet wird. Wassergefäße sind hier fehl am Platz und stellen oftmals eine Lebensgefahr für die Bewohner dar. Manche Wüstentiere, die Wasseransammlungen nicht kennen, versuchen, sich darin wie im Sand einzugraben. Das Ergebnis dürfte klar sein: Tod durch Ertrinken.

Bei Tieren, die sich im Sand eingraben, spielen die Temperaturen eine besondere Rolle. Obwohl die Oberflächentemperatur tagsüber in einer Wüste schwindelnde Höhen erreicht, herrschen nur 10 cm unter der Oberfläche relativ kon-

Dieses Biotop mit Sträuchern und kleineren Bäumen auf der Grand-Cayman-Insel bietet Anolis einen idealen Lebensraum.

stante und viel niedrigere Werte. Auch wenn die Tiere ab und an zum Sonnenbaden an die Oberfläche kommen, so heißt das doch nicht, daß sie extrem hohen Temperaturen ohne Ausweichmöglichkeiten den ganzen Tag über ausgesetzt sein dürfen.

Eine waldbewohnende Art fordert gemäßigt warme Temperaturen, eine erhöhte Luftfeuchtigkeit, Zweige oder Äste und einen dunklen Bodengrund aus ungedüngter Blumenerde, Torf, Rindenmulch oder Mischungen hieraus mit einer Laub- oder Nadelschicht darüber. Zur Erhaltung der erhöhten Luftfeuchte und als Sichtschutz eignen sich lebende Pflanzen, die möglichst auch im natürlichen Lebensraum wachsen. Auf Pflanzen mit Stacheln oder Dornen muß verzichtet werden, denn sie bedeuten Verletzungsgefahr für die Echsen. Bei der Auswahl von Pflanzen sollte die

Lebendmasse der Tiere, ihre Kletterfreudigkeit, Grableidenschaft oder ihre Vorliebe für pflanzliche Kost berücksichtigt werden.

Exemplare aus tropischen Regenwäldern beanspruchen spezielle Terrarien, in denen von oben nach unten ein Temperaturgefälle herrscht. Während die Temperaturen in den Baumwipfeln tropisch hoch sind, sind diese am Boden, im Schatten des dichten Blätterdaches, gemäßigt und weitgehend konstant. Auch die relative Luftfeuchtigkeit ist hoch und hält sich im Schatten der Pflanzen den ganzen Tag über.

Bei einem solchen Terrarium muß auch dem Wechsel von Regen- und Trockenzeit Rechnung getragen werden, der auf das Fortpflanzungsverhalten der Tiere großen Einfluß haben kann.

Ein tieferes Einsteigen in diesen Themenkreis könnte aber - wegen der damit verbundenen Vielfältigkeit - die Grundlage für ein neues Buch sein.

Auf jeden Fall kann gesagt werden, daß die Haltungsbedingungen den wohl wichtigsten aller Punkte in der Echsenpflege darstellen. Die artgerechte Unterbringung umfaßt die größte Anzahl von variablen Faktoren, die für die verschiedenen Echsenarten lebenswichtig sind. Zuerst muß das geeignete Terrarium ausgewählt werden. Der lebensraumgerechte Bodengrund und die dazugehörige Einrichtung sind der nächste Schritt. Die Auswahl der geeigneten Beleuchtung und Wärmequellen ist wichtig, denn Echsen erkennen die verschiedenen Jahreszeiten auch an der Tageslänge, also an der Leuchtdauer der künstlichen Sonne ihres Terrariums und an den herrschenden Temperaturen. Für viele Arten sind diese Faktoren für die Fortpflanzung von großer Bedeutung.

Außerdem sind Echsen wechselwarme Tiere, deren Körpertemperatur von ihrer Umgebungstemperatur abhängt. Sind die Werte zu niedrig, frißt das Tier nicht oder kann bereits aufgenommene Nahrung nicht verdauen. Ist die Temperatur zu hoch, und das Tier kann nicht auf kühlere Plätze ausweichen, kommt es zur Überhitzung und nicht selten zum Tod des Tieres.

Alle diese Faktoren können auch das Fortpflanzungsverhalten der Echsen beeinflussen, weshalb wiederum eine erfolgreiche Vermehrung nicht ohne die Einhaltung von artgerechten Haltungsbedingungen garantiert werden kann.

Um all diesen Anforderungen gerecht zu werden, muß man über dementsprechende Informationen verfügen. Wo stammt das Tier her? Wie sieht der natürliche Lebensraum aus? Es ist nicht ausreichend zu wissen, daß das betreffende Tier beispielsweise aus einer Wüstenregion stammt, denn auch zwischen Wüsten gibt es bemerkenswerte Unterschiede.

Welche Temperaturen herrschen dort, wo das Tier wirklich lebt? Wenn es sich um einen Baumbewohner handelt, sind die Temperaturen am Boden weniger wichtig. Umgekehrt, lebt das Tier am Boden oder hält sich tagsüber in Erdhöhlen auf, sind die Lufttemperaturen gewöhnlich wenig interessant.

Wie aktiv ist das Tier? Einer den ganzen Tag auf einem Stein liegenden Echse muß nicht ein halbes Zimmer zur Verfügung stehen, wohingegen man eine Rennechse nicht in einem 1 x 1 m "kleinen" Terrarium unterbringen kann. Ein baumbewohnendes Tier braucht schon eine ausreichende Bewegungsfreiheit nach oben und geeignete Klettermöglichkeiten. Ein Bodenbewohner kann damit nicht viel anfangen; er benötigt eine entsprechend große Bodenfläche, um seinen Aktivitätsdrang befriedigen zu können.

Wie gestalten sich die Jahreszeiten im natürlichen Biotop des Tieres? Werden sie überwiegend von Trocken- und Regenzeiten, Temperaturen unterscheiden und/oder Sonnenscheindauer bestimmt? All diese Punkte sind weitere Gründe dafür, daß man seine Tiere möglichst aus Nachzuchten oder zumindest von erfahrenen Terrarianern erwerben sollte, die gleichzeitig die benötigten Informationen liefern können. Besonders bei importierten Wildfängen sind die Erfahrungen anderer Pfleger oftmals lebensrettend für die Tiere. Von einem Verkäufer in einem Zoogeschäft kann man ein solches Fachwissen wohl nicht erwarten und man kann, immer mit halben oder sogar falschen Informationen bedacht werden.

Eine unzureichend oder sogar falsch untergebrachte Echse wird unnatürliche Verhaltensmuster zeigen, und das Wissen um die richtige Ernährung ist auch nur etwas wert, wenn das Tier gut frißt. Wird die Nahrungsaufnahme verweigert oder die angenommenen Futtermengen reichen gerade so zum Überleben, kann das nicht als erfolgreiche Haltung bezeichnet werden. Ein gesundes Tier frißt nur und bleibt gesund, wenn es sich in seinem Lebensraum wohlfühlt. Das Experimentieren sollte man in den meisten Fällen den Wissenschaftlern überlassen.

Das Wissen um die Beschaffenheit des Naturbiotops einer Echse ist wichtig. Hier leben aquatische und semiaquatische Reptilien.

K.H. SWITAK

Die Ernährung ist in der Terraristik der nächste maßgebliche Punkt, der auf lange Sicht über Erfolg oder Mißerfolg entscheidet. Das mag etwas verwirrend klingen, denn im vorangegangenen Kapitel wurde eingehend erklärt, daß die Unterbringung der wichtigste, variabelste und zum Erfolg führende Faktor wäre. Das entspricht auch den Tatsachen, nur zeigt sich der Erfolg oder Mißerfolg hier bereits nach relativ kurzer Zeit, wohingegen die Ergebnisse einer falschen oder richtigen Ernährung oftmals erst viel später erkennbar werden. Das heißt mit anderen Worten, wer gute Haltungs- und Fortpflanzungsresultate auf lange Sicht erzielen will, muß beide Faktoren in gleichem Maße berücksichtigen.

Natürliche Ernährung

Vorbedingung für eine artgerechte Ernährung von Echsen ist, zu erkennen, wie spezialisiert die betreffende Art auf welche Nahrung ist. Damit ist nicht gemeint, man müsse nun eine Reise in das Herkunftsland der ausgewählten Art unternehmen und dort hinsichtlich der Ernährung Feldforschung betreiben. Auch wenn das vielleicht die genauesten Ergebnisse an den Tag fördern könnte, wäre ein solches Unternehmen wohl kaum in einem vierwöchigen Urlaub und ohne entsprechende Magen-Darm-Inhaltsanalysen in einem Labor zu bewältigen.

Aber ganz ohne Nachforschungsarbeit geht es auch nicht. So sind Informationen aus erster Hand von erfahrenen Pflegern von unschätzbarem Wert. Die erhältliche Literatur leistet ebenfalls sehr gute Dienste, wenn es darum geht, welche Futterarten von bestimmten Echsen in der Natur gefressen werden.

Das Problem bei der Ernährung liegt darin, daß es nicht ausreicht nur eine bevorzugte Futterart herauszufinden, sondern möglichst viele verschiedene. Der Artenreichtum der Insektenfauna eines Gebietes steht und fällt mit dem Wechsel der Jahreszeiten, das heißt, ein bestimmtes Futtertier ist vielleicht nicht das ganze Jahr über verfügbar. Was also frißt die Echse, wenn dieses besagte Beutetier nicht vorhanden ist? Sie wird zwangsweise auch andere Insekten jagen müssen, um ihren Nahrungsbedarf zu decken.

Eine einseitige Ernährung sichert keine gute und ausreichende Versorgung mit allen benötigten Nährstoffen. Natürlich gibt es Echsen, die sich überwiegend oder sogar ausschließlich von einer ganz speziellen Futterart ernähren, aber meist setzt sich der Speiseplan eines Reptils aus einer Reihe unterschiedlicher Futtersorten zusammen, die sich in ihren Inhaltsstoffen gegenseitig ergänzen. Wird aus einer ausgewogenen und vielseitigen natürlichen Ernährung nun im Terrarium eine einseitige und unausgewogene, werden Mangelerscheinungen nicht ausbleiben. Zweifellos kann man manche Echsen ein Leben lang ausschließlich mit Grillen ernähren, wobei dann aber auf eine Auswahl von gut dosierten Calcium-, Vitamin- und Mineralstoffbeigaben auf keinen Fall verzichtet werden darf, um das Fehlen wichtiger Substanzen auf diesem Wege auszugleichen.

Die Ernährung eines Tieres wird in der Natur von drei Faktoren beeinflußt: von den Klimabedingungen, der Struktur seines Lebensraumes und vom Jäger-Beute-Verhältnis zwischen den Tieren des selben Biotops.

Damit haben das Klima im betreffenden Biotop (warm oder kalt), der Lebensraum (ein Waldgebiet, eine Wüstenregion oder Sumpfland) und die Tatsache, daß die Echse wiederum von anderen Tieren gefressen wird (Feindvermeidung durch bestimmte Aktivitätszeiten) Einfluß auf die Ernährungsweise der Echse.

Die Kenntnis der natürlichen Futterarten einer Echse ist der Schlüssel zur richtigen Ernährung im Terrarium. Nur mit diesem Wissen ist der Pfleger in der Lage, die Echse artgerecht zu füttern oder den Speiseplan zumindest so ähnlich wie in der Natur zu gestalten.

Manche Echsen können nur gedeihen, wenn der Pfleger ihnen ihre artspezifische Nahrung bieten kann, jedoch ist für die meisten Arten eine annähernd natürliche Ernährung für gute Haltungs- und Zuchtergebnisse ausreichend. Beispielsweise frißt eine Siedleragame (*Agama agama*) in ihrem afrikanischen

Lebensraum Heuschrecken, wird aber ersatzweise Grillen akzeptieren, ohne gesundheitlichen Schaden zu nehmen. Heuschrecken sind eng mit den Grillen verwandt, und ihre Nährstoffzusammensetzung ist sehr ähnlich.

Bei einem Tier, das trotz guter Gesundheit und optimaler Haltung auf eine solche Ersatznahrung nicht anspricht, wird ein Futterangebot erforderlich, welche möglichst viele natürlichen Futterarten enthält. Oftmals kann nach einer gewissen Eingewöhnungszeit zu einer etwas vereinfachten Ernährung übergegangen werden, vorausgesetzt, sie ist der natürlichen weitestgehend ähnlich und bietet den erforderlichen Nährstoffgehalt.

Normalerweise kann mit einiger Nachforschung die natürliche Nahrungszusammensetzung einer Echse ermittelt und mit etwas gutem Willen auch geboten werden.

Ein einfaches Beispiel dafür kann der Rotkehlanoli *(Anolis carolinensis)* sein. Zuerst wird die geographische Verbrei-

tung ermittelt, die in diesem Fall über die Inseln der Bahamasgruppe und den Südosten der Vereinigten Staaten erstreckt. Dort lebt er in Wald- und Buschland, wo es viel Sichtschutz gibt und er keiner direkten Sonnenstrahlung ausgesetzt ist. Die Luftfeuchtigkeit ist vom trockeneren Buschland Floridas bis zu den sehr feuchten Gebieten im Inland der beiden Carolinas recht variabel. Der Anoli bildet in Büschen, Sträuchern und kleinen Bäumen seine Reviere. Die Insektenfauna dieser Gebiete umfaßt u. a. Grillen, Heuschrecken, Fliegen, Mücken, Ameisen und Käfer, wie auch Spinnen und andere kleine Krabbeltiere. Das sind die Futterarten, die ein Anoli in der Natur frißt. Wahrscheinlich umfaßt sein Speiseplan auch noch Mollusken und viele andere Wirbellose sowie seine eigenen Jungtiere, wenn er ihrer habhaft wird.

Nun hat man eine Vorstellung davon, was diese Echse in der Natur frißt. Ein weiterer wichtiger Punkt ist die Frage, wovon sich die Futtertiere ernähren. Damit sind

Der Stirnlappenbasilisk *(Basiliscus plumifrons)* lebt in Regenwäldern in der Nähe von Gewässern.

R.D. BARTLETT

R.D. BARTLETT

Der Blaue Felsenleguan *(Petrosaurus thalissinus)* ist ein Wüstenbewohner Niederkaliforniens.

sowohl pflanzliche als auch tierische Substanzen gemeint, die die Echse über die Futtertiere aufnimmt. Aus all diesen Faktoren ergibt sich eine ausgeglichene, komplette Ernährung.

Ernährung im Terrarium

Hier müssen zwangsweise Kompromisse gemacht werden, denn nicht jedes in der Natur gefressene Futtertier ist auch zuhause halt- oder züchtbar oder im Zoohandel käuflich zu erwerben. Natürlich kann man in günstigen Jahreszeiten in geeigneten Gebieten viele Insekten im Freien fangen, jedoch gibt es Einschränkungen. Schließlich gibt es auch in den Insektenfaunen der verschiedenen Länder unterschiedliche Arten. Außerdem darf man die Belastung durch Schwermetalle und andere Gifte in Städten und Autobahnnähe nicht außer acht lassen. Handelt es sich um eine Echsenart, von der bekannt ist, daß sie schwierig zu halten ist, wird man um die

Beschaffung von natürlichen Futtertieren nicht herumkommen.

Viele Reptilienpfleger werden auf kommerzielle Futtertierzuchten nicht verzichten können. Sie müssen sich auf die Zuverlässigkeit eines Zoogeschäftes oder eines Futtertierversandes verlassen, um jederzeit die benötigten Futtermengen verfügbar zu haben. Ob man sich für den Zooladen an der Ecke oder ein Abonnement bei einem Versand entscheidet, hängt letztlich von der Anzahl der zu versorgenden Echsen ab.

Generell empfiehlt es sich, eigene Futterzuchten anzulegen, um jedem Engpaß vorzubeugen.

Hat man also erst einmal ergründet, welche Futtertiere in der Natur auf dem Speiseplan stehen, ist es nur noch eine Frage der Beschaffung dieser oder ersatzweiser Futterarten, um eine artgerechte Ernährung zu gewährleisten.

Sammeln von Insekten

Dieses Kapitel ist dem "ernsthaften" Terrarianer gewidmet, der keine Mühen scheut, um seinen Pfleglingen das Beste zu bieten.

In unseren Breiten ist das Keschern von Insekten leider eine jahreszeitlich bedingte Angelegenheit. Es bleiben nur wenige Monate, in denen man mit reicher Beute rechnen kann. Dennoch ist der Nährstoffgehalt von Wildinsekten nicht mit dem von gezüchteten vergleichbar, egal wie gut sie auch gefüttert wurden.

Echsen, die tagtäglich und ausnahmslos mit ein und derselben Futtertierart ernährt werden, können ihren natürlichen Appetit einbüßen, was zu einer erhöhten Anfälligkeit für Erkrankungen führen kann. Allerdings wird diese Aussage nicht ganz widerspruchslos anerkannt. Es ist aber eine Tatsache, daß einige Echsen bei einer solchen Ernährung eines Tages das Futter verweigern und in den Hungerstreik treten. Chamäleons sind dafür ein gutes Beispiel; sie wehren sich so gegen eine einseitige Ernährung.

Wer abseits der Städte in ländlichen Gegenden wohnt, dem steht den ganzen Sommer über eine weit gefächerte Palette von Insekten und anderen Futtertieren zur Verfügung. Für einen kleinen Bestand von insektenfressenden Echsen ist eine Viertelstunde Kescherarbeit auf der Wiese ausreichend, um den Futtertierbedarf für eine komplette Woche zu decken. Voraussetzung dafür ist natürlich, daß das Wetter mitspielt und daß die Wiese oder das Feld frei von allen Insektiziden ist. Für einen größeren Echsenbestand wird man schon zwei- bis dreimal die Woche den Kescher schwingen müssen, aber auch dieser Zeitaufwand sollte problemlos vertretbar sein.

Ein Kescher ist ein Netz ähnlich dem, das zum Fang von Schmetterlingen benutzt wird. Dieses Netz ist um einen Ring befestigt, an dem sich ein Stiel befindet. Man schwingt das Netz in gleichmäßigen Bewegungen dicht über dem Gras hin

Eine Krokodilechse *(Gerrhonotus multicarinatus webbi)* aus den Wäldern des Südens der Vereinigten Staaten.

R.D. BARTLETT

und her, wodurch sich die Insekten im Netz verfangen. Von Zeit zu Zeit entleert man den Inhalt des Netzes in ein Glas oder einen anderen Behälter, der eine feinmaschige Abdeckung hat, so daß die Insekten nicht wieder flüchten können. In dem Sammelgefäß sollte sich zerknülltes Zeitungspapier oder ein gefalteter Pappstreifen befinden, an dem sich die Insekten festhalten können; eine Massenansammlung auf dem Behälterboden würde dazu führen, daß sich die Tiere gegenseitig zertreten, verletzen oder sogar auffressen. Man kann auch niedrige Bäume, Büsche und Sträucher "abkeschern", eben überall dort, wo sich Insekten gewöhnlich in der Vegetation verbergen.

Eine andere Methode ist das Suchen von Versteckplätzen von Insekten, Spinnen und Würmern. Diese befinden sich in der Regel unter moderndem Holz, in der unmittelbaren Nähe von Gewässern unter Steinen oder Wurzeln, eigentlich überall, wo es schattig und relativ feucht ist.

Eine dritte Variante, um der Insekten habhaft zu werden, ist der Gebrauch einer Lichtquelle und einer weißen Fläche. Diese "Lichtfalle", ist zur einfachen Erbeutung von Käfern, Mücken und anderen nachtaktiven Fluginsekten geeignet.

Eine helle Lichtquelle oder besser noch eine Ultraviolett- Lampe wird vor der weißen Fläche aufgestellt. Diese Fläche kann ein Laken, ein Stück Pappe oder auch Plastik sein - Hauptsache sie ist weiß. In näherer Umgebung der Falle sollte sich keine andere Lichtquelle befinden. Es darf auch nicht sehr windig sein. Ist ein Gewässer in unmittelbarer Nähe, sind die Umstände optimal. Innerhalb von wenigen Minuten wird die weiße

Anolis gehören zu den Waldbewohnern und sind Insektenfresser. Hier ein Jamaica-Riesenanoli *(Anolis garmani)*.

P. FREED

R.D. BARTLETT

Ein Panzergürtelschweif *(Cordylus cataphractus)* erfreut sich jederzeit an Wildinsekten.

Fläche mit allen möglichen Fluginsekten übersät sein, die nur noch abgesammelt werden müssen.

Wer sich auch noch diese Arbeit sparen möchte, kann kurz unterhalb der Lichtquelle ein Gurkenglas oder ein ähnliches Behältnis aufstellen, dessen Öffnung mit einem großen weißen Papp- oder Papiertrichter versehen ist. Die Insekten fliegen die reflektierende weiße Fläche an, fallen durch den Trichter in den Behälter und können diesen nicht mehr verlassen. Diese Methode ist einfach, das benötigte Material schnell zur Hand und besonders geeignet, wenn man keinen Zugriff auf Feld und Wiese hat, seine Terrarientiere aber trotzdem gerne mit gutem Futter versorgen möchte.

Eine Auswahl an Futtertieren

Da die Natur in den Wintermonaten unserer Breiten kaum Futtertiere bietet und ein kühler, verregneter oder heißer, trockener Sommer den Frischfutterplan schnell zunichte machen kann, kommt man um die Ergänzung oder völlige Zusammenstellung einer ausgewogenen

Ernährung mit Insekten aus Futtertierzuchten nicht herum. So wie das Interesse an der Terraristik in den letzten Jahren zugenommen hat, so ist auch das Angebot an Futtertierzuchten immer reichhaltiger geworden und wächst ständig weiter. Die nächsten Seiten sollen einen Überblick über die erhältlichen, züchtbaren und geeigneten Futterinsekten vermitteln, die von Zoofachgeschäften und Futtertierzüchtern verkauft und in herpetologischen und aquaristischen Fachzeitschriften zum Dauerbezug annonciert werden. Die meisten hier genannten Arten gehören zu den einfachsten erhältlichen und auch zu denen, die ohne größeren Aufwand selbst gezüchtet werden können. Es werden aber auch Futtertierarten angesprochen, auf die das nicht oder nur bedingt zutrifft, die aber in der Natur gerne gefressen werden.

Grillen

Grillen zählen ohne Zweifel zu den Futterinsekten, die am häufigsten in der Terraristik verwendet werden und fast überall dort erhältlich sind, wo auch Reptilien gehandelt werden.

Ein guter Grund für ihre Beliebtheit bei den Terrarianern ist, daß sie ein natürliches Futter für die allermeisten Echsen darstellen. Selbst für jene Arten, bei denen Grillen normalerweise keinen festen Bestandteil der natürlichen Beute darstellen, sind sie eine nahrhafte Bereicherung des Speiseplans, die gern akzeptiert wird. Außerdem sind Grillen einfach zu halten und zu züchten. Sie ernähren sich von organischen Substanzen und bereiten keine Probleme, wenn sie relativ trocken und warm gehalten werden.

Der Wissenschaft sind viele Arten von Grillen bekannt. In der Terraristik sind eigentlich nur zwei Arten relevant. Eine davon ist die große, glänzend schwarze Zweifleckgrille, die vor den Flügelansätzen zwei deutliche weiße oder gelbliche Flecken hat. Da diese Grillen einen ausgesprochen harten Chitinpanzer besitzen und über recht kräftige Mundwerkzeuge verfügen, sollten sie ausschließlich an große Echsenarten verfüttert werden. Allein von ihrer Körpergröße her sind sie für kleine Echsen oder gar Jungtiere ungeeignet, schwer verdaulich und wegen ihrer Wehrhaftigkeit sogar gefährlich. Große Echsen werden aber gewöhnlich problemlos mi ihnen fertig.

Die aus einer Zucht hervorgehenden Jungtiere können natürlich auch an kleinere Echsen verfüttert werden. In jedem Fall sollten ausgewachsene, nicht gefres-

M. GILROY

Ein offensichtlich nicht besonders hungriger Anoli.

sene Exemplare dieser Art nicht über längere Zeit mit den Echsen im Terrarium verbleiben. Im Terrarium befindliche Pflanzen würden die Freßgier der Grillen nicht überstehen, und wenn sie nichts Freßbares finden können, machen sie auch vor einer schlafenden Echse nicht halt. Auf diese Weise ist es bereits zu Verletzungen bei Terrarienbewohnern gekommen. Auch sollte man entwichene Zweifleckgrillen nicht in der Wohnung umherlaufen lassen. Sie können sich zwar bei normalen Raumtemperaturen nicht fortpflanzen, doch ernähren sie sich notfalls auch von anorganischen Substanzen wie Teppichen und ähnlichem.

Für große, ausgewachsene, insektenfressende Reptilienarten wie Halsbandleguane (*Crotaphytus*), Basilisken (*Basiliscus*), Tokehs (*Gekko gecko*) und kleinere Warane, stellen die großen Zweifleckgrillen jedenfalls ein exzellentes Futter dar, besonders dann, wenn sie mit Vitamin- und Mineralstoffmischungen gefüttert und/oder bestäubt werden.

Die andere zu empfehlende Grillenart ist die schlanke, hellbraune Steppengrille, die häufig auch als Heimchen bezeichnet wird. Im Gegensatz zum "echten" Heimchen, können sich die Steppengrillen in unseren Breiten bei normaler Zimmertemperatur nicht vermehren. Heimchen, erst einmal im Dielenboden oder unter der Badewanne heimisch geworden, sind eine sich schnell ausbreitende Plage, der nur noch der Kam-

merjäger Herr werden kann. Mit Rücksicht auf die Nachbarn und den Mietvertrag sollte man auf einheimische Heimchen also besser verzichten.

Die Steppengrille ist auch für die kleineren Echsenarten als Futtertier hervorragend geeignet. Ihr Chitinpanzer ist viel weicher als der der Zweifleckgrille, sie ist kleiner, schlanker und längst nicht so wehrhaft. Das nächtliche Zirpen der Männchen ist eher unauffällig. Während von den Zweifleckgrillen überwiegend ausgewachsene Exemplare im Handel erhältlich sind, befindet sich die Steppengrille in nahezu allen Größen im Angebot. Von den sogenannten "Mikros", womit frisch geschlüpfte Larven gemeint sind, die gerade die Größe eines Stecknadelkopfes besitzen, sind alle Wachstumsstadien bis zur ausgewachsenen Grille erhältlich.

Durch den vergleichsweise leicht verdaulichen Chitinanteil ist die Steppengrille ein äußerst nahrhaftes Futtertier. Sie ist einfach zu vermehren und zu ernähren und sollte, mit Vitaminen und Mineralien angereichert auf dem Speiseplan jeder Echse stehen.

Die Grillenzucht ist relativ einfach. Richtig organisiert, bietet sie die Möglichkeit, jederzeit verschieden große Futtergrillen für unterschiedlich große Echsen verfügbar zu haben und macht weitgehend unabhängig von Händlern oder Züchtern.

Zunächst benötigt man einen geeigneten Zuchtbehälter. Am billigsten sind für diesen Zweck die bekannten Plastikterrarien oder auch jeder andere stabile Plastikbehälter, der ein Fassungsvermögen von etwa 40 bis 80 Litern hat, je nach dem, wie groß die Zucht sein soll. Glasbehälter können ebenfalls verwendet werden, Hauptsache die Wände sind hoch genug und glatt und die Grillen können nicht hinausklettern oder sich durch das Material hindurchfressen. Holzkisten scheiden also aus.

Der Behälter wird mit einer Schicht ungedüngter Blumenerde gefüllt, die ständig

Die Steppengrille stellt den Hauptanteil der Ernährung vieler insektenfressender Echsen dar. Foto: W.P. Mara leicht feucht gehalten wird. Nässe führt zu eine breiigen, stinkenden Masse aus Schlamm und toten Grillen. Der Behälter wird mit Versteckmöglichkeiten für die Grillen versehen. Dazu eignen sich leere Toilettenpapierrollen und Eierkartons am besten. Sie werden ineinander gestapelt, so daß die Grillen sich in den Zwischenräumen verkriechen können. So gehen sich die kannibalistisch veranlagten Tiere aus dem Wege. Solange die Papprollen und Eierkartons trocken gehalten werden, kann man sie über längere Zeit verwenden. Allerdings sollte man sie nicht höher als bis zu zwei Dritteln der Behälterhöhe stapeln, damit die Grillen beim Öffnen des Behälters nicht herausspringen können.

Nun wird noch ein ausbruchsicherer Deckel benötigt. Dieser sollte fest mit dem Behälter abschließen und luftdurchlässig sein. Stauluft führt zu Staunässe, die verhindert werden muß. Am besten eignet sich ein Plastikdeckel,

Die Zweifleckgrille kann zur Fütterung größerer Echsen, wie Leguane und Agamen, benutzt werden.

M. GILROY

der gut auf den Behälter paßt und einen feinmaschigen Gazeeinsatz hat oder über gazebedeckte Lüftungslöcher verfügt. Diese Gaze muß so fein sein, daß selbst eine Obstfliege nicht hindurch kann.

Das Futter für die Grillen kann aus Haferflocken, Hundeflocken oder - pellets und kleinen Obststücken oder -schalen bestehen. Trockenfutter kann in reichlichen Mengen verfüttert werden, bei Obst ist Vorsicht geboten. Sind die Stücken zu groß und können nicht schnell genug verzehrt werden, kommt es zu Schimmelbildung und einer Invasion von Obstfliegenmaden. Normalerweise decken die Grillen ihren Flüssigkeitsbedarf mit dem angebotenen Obst. Verabreicht man nur Trockenfutter, sollte eine kleine, sehr flache Wasserschale ständig mit frischem Wasser gefüllt sein. Auch alle Futtersorten werden auf flachen Schälchen angeboten, damit sie nicht im ganzen Becken verteilt und verschmutzt werden. Der wichtigste Punkt für die Zucht ist Wärme. Zum Erreichen einer geeigneten Temperatur von etwa 28°C reicht meistens schon eine über der Gaze angebrachte 40 Watt starke Glühlampe aus. Hat der Deckel keinen Gazeeinsatz, kann auch eine Unterbodenheizung verwendet werden. Hier muß aber darauf geachtet werden, daß die Temperatur nicht zu hoch ansteigt und nötigenfalls mit einem Thermostat oder Dimmer korrigiert wird. Ist der Zuchtbehälter fertig vorbereitet und die gewünschte Temperatur erreicht, können die Grillen eingesetzt werden und mit ihrer Vermehrung beginnen.

Die Weibchen, deutlich an ihrem langen Legestachel am Hinterleib zu erkennen, legen ihre Eier in das leicht feuchte Bodensubstrat, aus denen in wenigen Wochen Tausende kleiner Grillen schlüpfen. Nun fängt man die großen Tiere aus dem Behälter, setzt sie in einen neuen, vorbereiteten und zieht die kleinen bei gleichen Bedingungen auf. Da Grillen sich auch gegenseitig fressen, sollten immer nur gleichgroße Tiere in einem Behälter zusammen untergebracht werden.

Heuschrecken
Diese Insekten sind nahe Verwandte der

Grillen und deshalb in ihrer Anatomie und ihrem Nährstoffgehalt sehr ähnlich. Sie sind hauptsächlich Vegetarier, verschmähen aber auch tierische Proteine nicht.

Die in der Terraristik am häufigsten verfütterte Heuschreckenart ist die Ägyptische Wanderheuschrecke. Sie stellt ein ausgezeichnetes Futter dar, ist aber selbst in den kleinen Larvenstadien nur für größere Echsen geeignet. Ausgewachsen erreicht sie eine Gesamtlänge von 4 bis 6 cm. Wanderheuschrecken lassen sich mit etwas Aufwand selbst züchten, sind aber nicht so produktiv wie Grillen, benötigen viel Wärme und verschlingen Unmengen von Futter. Als kleiner Leckerbissen zwischendurch ist der Kauf beim Händler billiger und einfacher.

Für ihre Zucht wird ein Behälter ähnlich dem bei der Grillenzucht benötigt, der aber entsprechend größer sein muß. Hier empfiehlt sich der Einbau eines herausziehbaren Zwischenbodens, wie man ihn von Vogelkäfigen kennt. So wird die Reinigung des Behälters von Kot vereinfacht. Auf ein Bodensubstrat kann verzichtet werden. Dafür benötigen die Tiere Klettermöglichkeiten in Form von Zweigen. Die Tagestemperatur sollte sich zwischen 30 und 35 °C bewegen. Nachts kann sie auf etwa 20 °C absinken. Ein oder zwei Glühlampen mit insgesamt 40 bis 75 Watt sollten ausreichen.

Für die Eiablage wird ein Ablagekasten von etwa 10x10x8 cm Größe mit einer Mischung aus 40% Sand, 30% Lauberde und 30% ungedüngtem Torf gefüllt, die ständig feucht zu halten ist. Das Futter für die Heuschrecken besteht aus Weizenkleie, Haferflocken, Hundeflocken, Weizenkeimen oder zermahlenen Mäusepellets, sowie altem, nicht schimmligem Brot oder Semmelbröseln. Als Frischfutter dienen gekeimter Weizen, das Laub von Eiche, Buche, Linde, Ahorn, sämtlichen Obstbäumen, Brombeere und Himbeere, Blattsalat, Endivien, Äpfel, geschabte Karotten und ähnliches. Bei einer solchen Ernährung sind Wassergaben nicht erforderlich.

Die Weibchen legen ihre Eier in den Ablagekasten, wo die Larven nach etwa 12 bis 16 Tagen schlüpfen und nach bereits 25 bis 30 Tagen ausgewachsen sind. Die Imagines werden schon im Alter von 6-8 Tagen geschlechtsreif. Spätestens sechs Tage nach der Paarung beginnt die Eiablage, wobei ein Gelege allerdings "nur" 30 bis 40 Eier umfaßt. Im Vergleich zu Grillen ist das Gelege also relativ klein. Die jungen Heuschrecken stellen die gleichen Pflegeansprüche wie die Alttiere und werden ebenfalls von denen getrennt aufgezogen.

Auch einheimische Grashüpfer zählen zu den favorisierten Futtertieren. Da diese in der Regel nicht von Futterzüchtern angeboten werden, ist die einzige Bezugsquelle das Keschern auf der Wiese.

Heuschrecken werden gerne gefressen, doch viele von ihnen stehen unter Naturschutz.

G. DINGERKUS

M. GILROY

Oben: Ein junges Grünes Heupferd; eine geschützte Insektenart. **Unten:** Diese Heu-schrecke lebt in Belize, wo sie für Basilisken und Ameiven ein natürliches Futtertier ist.

P. FREED

G. DINGERKUS

Heuschrecke aus den Everglades in Florida.

Eigentlich wird jeder Grashüpfer von angemessener Größe gerne gefressen, doch sollte man sie besser in der Natur belassen und auf sie als Futtertiere verzichten. Hier muß man nämlich ein Auge auf die Naturschutzgesetze haben; nicht jeder Hüpfer ist zum Fang freigegeben. Besonders die großen Grünen Heupferdchen sind geschützt.

Mehlwürmer
Neben den Grillen sind Mehlwürmer die am häufigsten im Handel angebotene Insektenart. Unter dem Trivialnamen Mehlwurm verbergen sich einige Arten, von denen *Tenebrio molitor* jene ist, die wohl jedem Terrarianer bekannt sein dürfte. Allerdings handelt es sich nicht um einen Wurm, sondern um die Larve des Mehlkäfers, der selbst nur von wenigen Echsen gefressen wird.
Das Verfüttern dieser Käferlarven wird in Terrarianerkreisen gelegentlich heftig diskutiert. Tatsächlich besitzen sie einen

recht hohen Chitinanteil, sind fettreich, und als Hauptfutter wenig geeignet. Es sind auch Fälle bekannt, in denen Verdauungsstörungen oder das Auswürgen der halbverdauten Nahrung bei Echsen auftraten, die ausschließlich oder mit relativ großen Mengen von Mehlwürmern ernährt waren.

Andererseits wird gesagt, daß an diesen Erscheinungen nicht das Futtertier selbst, sondern eher der Pfleger schuld sei, der die Mehlwürmer, so wie er sie im Laden kauft, an seine Tiere verfüttert, ohne sie vorher zu einem nahrhaften Futtertier "aufzupäppeln".

Mehlwürmer sind in jedem Fall schwer verdaulich und eignen sich nicht als Hauptnahrung. Es spricht aber nichts dagegen, sie als Ergänzung des Speiseplans und zur Abwechslung gelegentlich zu verfüttern. Besonders gern werden frisch gehäutete Würmer und die Puppen gefressen, die fast weiß und sehr weich sind. Aber Vorsicht - man sollte sie nicht einfach in das Terrarium schütten, sondern sie von der Pinzette direkt oder in einem Gefäß anbieten, das so

hoch ist, daß die Würmer nicht entweichen können. Werden "ausgebrochene" Larven nicht gefressen, können sie im Terrarium noch lange Zeit überleben und ernähren sich dort sogar von eventuell vorhandenen Reptilieneiern.

Mehlwürmer sind Allesfresser und lassen sich deshalb unter einfachen Bedingungen vermehren. Man gibt einige Würmer in einen Plastikbehälter von etwa zwei Liter Fassungsvermögen, der, wenn er hochwandig und glatt genug ist, nicht abgedeckt werden muß. Als „Bodengrund" kann man Haferflocken, Hundeflocken oder auch unbehandeltes Sägemehl oder Kleintierstreu verwenden. Außerdem kann man Brotreste sowie Kartoffelschalen und Obstreste verfüttern, die auch den Feuchtigkeitsbedarf der Würmer decken.

Die Larven verpuppen sich und werden zu den schwarzen Mehlkäfern. Diese legen an leicht feuchten Stellen im Behälter ihre Eier, aus denen nach einer Weile winzige Mehlwürmer schlüpfen. Vor dem Verfüttern sollte man die Würmer mit vitaminreichem Gemüse und Obst

Einige Echsen ernähren sich bevorzugt von Ameisen. Hier kann man Blattschneiderameisen aus Guyana bei der Arbeit sehen.

C.O. MASTERS

ernähren, um ihren Nährwert etwas zu erhöhen. Zu diesem Zweck ist es ratsam, immer etwas Vitamin/Mineralstoffpulver in den Behälter zu streuen, welches von den Würmern mitgefressen wird. Auch empfiehlt sich das Bestäuben der Larven mit einer solchen Pulvermischung, bevor sie den Echsen zum Verzehr angeboten werden. Erhöhte Temperaturen sind für die Zucht nicht erforderlich. Mehlwürmer vermehren sich bereits bei Raumtemperatur.

Eine andere, für große Echsen sehr beliebte Käferlarve, ist die des Schwarzkäfers *Zophobas morio*, die unter Laien als Riesenmehlwurm bezeichnet wird. Tatsächlich sieht sie mit ihren 5 cm Länge wie ein übergroßer, fetter Mehlwurm aus. Zwar besitzt die Schwarzkäferlarve ebenfalls einen Chitinpanzer, der jedoch weicher ist und aufgrund des größeren Körpervolumens für den Endverbraucher in einem günstigeren Verhältnis steht. Der Schwarzkäfer selbst ist absolut ungenießbar und verspritzt ein stinkendes Verteidigungssekret, wenn er sich bedroht fühlt.

Für die Zucht wird ein Plastikbehälter von ungefähr 50 Liter Fassungsvermögen benötigt, der etwa bis zur Hälfte mit leicht feuchter, ungedüngter Blumener-

Oben: Mehlwürmer sind als altbewährtes Beifutter in Zoogeschäften erhältlich. **Unten:** Die Schwarzkäferlarve hat als Futtertier für große Echsen Bedeutung.

de oder einem Gemisch aus sauberer Walderde und Laub gefüllt wird. Die Temperatur sollte hier bei 27 °C liegen. Das Futter für die Larven besteht aus Hundeflocken oder - pellets, Haferflocken, trockenem Brot, Kartoffelschalen und weichem Holz. Die Käfer und Larven fressen gerne modriges Holz, was zwar nicht ihren Nährwert erhöht, den Terrarianer aber mit schön modellierten Holzstücken für die Terrariendekoration erfreuen kann. Wassergaben oder Obststücke sind nicht zu empfehlen; es würde nur zu Staunässe und Schimmelbildung kommen.

Man setzt einige Larven und Käfer in die präparierte Kiste, die ebenfalls mit einem Deckel mit kleinen Luftlöchern verschlossen wird. Die Käfer legen ihre Eier

des besser verdaulichen Chitinpanzers gilt das gleiche wie bei Mehlwürmern. Schwarzkäferlarven sind nicht als Hauptfutter anzusehen und sind ebensolche Eierfresser wie Mehlwürmer, läßt man sie im Terrarium aus der Futterschale entweichen.

Obstfliegen

Die Art *Drosophila melanogaster* ist mit ihren nur 2 bis 2,5 mm Größe nur für die kleinsten unter den Echsen, wie kleine Anoli-Arten, Geckos, Skinke und Leguane sowie deren Jungtiere, als Futtertier geeignet. Obstfliegen in kleineren Mengen zu züchten, erfordert keinen großen Aufwand. Man legt einfach ein Stück Obst, in einer kleinen, flachen Schale in das betreffende Terrarium und

Der Schwarzkäfer wird nur von sehr wenigen Echsen gefressen und verfügt über ein übelriechendes Abwehrsekret. Foto: M. Gilroy

in den feuchten Bodengrund, und die Larven verpuppen sich. Da die Puppen gerne von den Larven gefressen werden, sollte man sie in einem gesonderten kleinen Behälter, beispielsweise einer Filmdose halten, bis aus der Puppe der Käfer wird, der wiederum zur Eiablage in die große Kiste gesetzt wird. Aus den Eiern schlüpfen neue Larven, die etwa 8 mm lang, sehr weich, fast weiß und ein ausgezeichnetes Futter für kleinere Echsen oder Jungtiere sind. Die ausgewachsenen Larven sind nur für größere Echsen geeignet. Auch hier sollten die zu verfütternden Larven vorher mit einem Vitamin/Mineralstoffpulver bestäubt werden.

Trotz des höheren Nährstoffgehaltes und

wartet ab. Nach nur zwei bis drei Tagen sind die ersten Obstfliegen zu entdecken. Um eine dauerhafte Versorgung mit wilden Obstfliegen zu gewährleisten, müßte man diese Prozedur aber ständig fortsetzen, was aber zu Geruchsbelästigung und Schimmelbildung führen würde. Man sollte doch lieber eine geplante Zucht in einem obstfliegensicher verschlossenen Zuchtbehälter, einem Einweckglas oder einer Plastikschachtel, erwägen.

Drosophila vermehren sich extrem schnell; vom Schlupf des Eies über das Larvenstadium (0,5 mm lang) bis hin zur wiederum eierlegenden Obstfliege vergehen nur 10 bis 14 Tage. Der benötigte Futterbrei dient hier gleichzeitig als Substrat für die Eiablage. Es handelt sich dabei um eine Mischung aus folgenden Zutaten: eine halbe zerdrückte Banane, ein ebenfalls zerquetschter halber Apfel, eine kleine geraspelte Karotte, ein Teelöffel Bierhefe, etwa ein Eßlöffel Essig, zwei Eßlöffel Semmelbrösel, einer Prise einer Vitamin-Mineralstoffmischung und ein Eßlöffel Milch-Fertigbrei, wie er für Kleinkinder benutzt wird. Diese Mischung reicht für zwei Zuchtansätze.

Davon wird nun eine etwa 2 cm hohe Schicht in einen Zuchtbehälter gefüllt, der dann mit Holzwolle oder Papierstreifen locker aufgefüllt wird. Dieser Behälter wird nun mit einigen Obstfliegen bestückt und an einen hellen und etwa 20 bis 23°C warmen Platz gestellt. Es muß auf die Feuchtigkeit geachtet werden, denn der Futterbrei darf nicht

schwirren der Obstfliegen eher als lästig empfinden und unter Streß geraten können. Es empfiehlt sich daher, einer der Mutationen der gewöhnlichen Obstfliege, der stummelflügligen oder flugunfähigen *Drosophila*, den Vorzug zu geben.

Stubenfliege

Die Stubenfliege, *Musca domestica*, kann eine weitere lohnenswerte Erweiterung unseres Echsenspeiseplans sein. Auch ihr Nährstoffgehalt ist nicht besonders hoch, dennoch wird sie von einigen Echsen, besonders von Chamäleons, sehr gerne gefressen.

Da Stubenfliegen von den Tieren nicht so leicht zu fangen sind wie Grillen und die Echsen sich schon etwas anstrengen müssen, um ihrer habhaft zu werden, kann man sie auch als "Bewegungsthe-

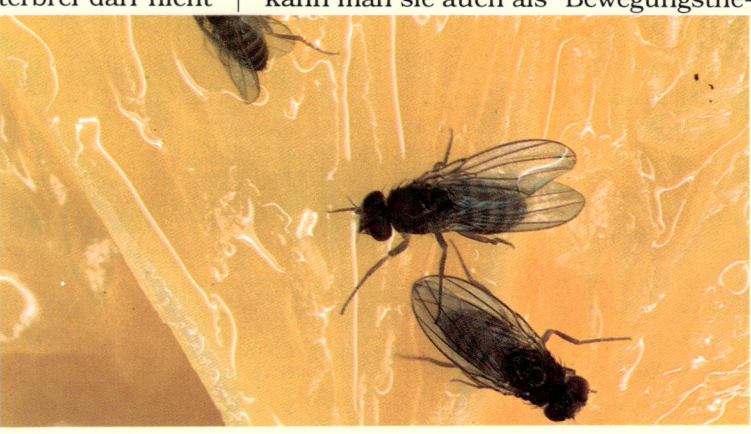

Die Obstfliege - ein exzellentes Futter für kleine oder junge Echsen.
Foto: M. Gilroy

austrocknen.

Die Weibchen legen bei guter Fütterung etwa 350 Eier, aus denen bereits zwei Tage nach der Ablage winzige Maden schlüpfen, die sich nach weiteren 5 bis 7 Tagen verpuppen. Das Puppenstadium dauert etwa 4 bis 6 Tage, und die neue Fliegengeneration ist verfügbar. Die Lebensdauer einer Obstfliege beträgt 8 bis 10 Wochen, von denen die Weibchen vier Wochen zum Eierlegen nutzen.

Obwohl der Futterbrei recht nahrhaft erscheint, ist auch die Obstfliege nur als Zusatzfutter zu betrachten und für eine Jungtieraufzucht allein nicht ausreichend. Auch muß berücksichtigt werden, daß viele Jungtiere das schnelle Umher-

rapie" einsetzen. Hierbei bilden die Chamäleons natürlich die Ausnahme, da sie ihrem Futter nicht auf allen Vieren sondern lediglich mit der Zunge "nachjagen" müssen.

Das Thema der Zucht soll nur kurz erwähnt werden, denn es ist einfacher und billiger, diese Insekten mit einem Netz zu fangen, um sie ab und zu anbieten zu können.

Ein Behälter für die Stubenfliegenzucht muß den Tieren genügend Flugraum und Tageslicht bieten, weshalb man schon für nur wenige Exemplare einen Behälter von mindestens drei Liter Inhalt braucht, der aus Glas oder Plexiglas bestehen und mit Gazeseiten versehen sein muß.

Außerdem muß der Behälter so konstruiert sein, daß man die Fliegen entnehmen kann, ohne daß sie entweichen können.

Eine Mischung aus Milch-Fertigbrei, Früchten, Multi-Vitaminsäften und Honig ist das ideale Futter. Die Vermehrung erfolgt bei normaler Raumtemperatur von 19 bis 21°C. Die Weibchen legen über einen Zeitraum von drei Wochen insgesamt 800 bis 1500 Eier ab, aus denen drei Tage nach der Ablage Larven schlüpfen, die sich etwa 8 bis 10 Tagen später verpuppen. Die Fliegen schlüpfen nach sieben Tagen und sind bereits im Alter von drei Tagen geschlechtsreif.

Gegen das Verfüttern von Stubenfliegen ist generell nichts einzuwenden, wenn auch sie nur als Beifutter betrachtet werden.

Auch Fliegenmaden, also die Larven, sind bei einigen Terrarianern als Futter beliebt, doch hier ist Vorsicht geboten. Es sind Fälle bekannt, in denen Fliegenmaden an größere Reptilien verfüttert wurden und das mit ihrem Leben bezahlten. Viele Echsen sehr gierige Fresser, die die kleinen Fliegenmaden lebend herunterschlucken. Da es sich aber um ausgesprochen robuste und widerstandsfähige Kreaturen handelt, wurden sie nicht sofort verdaut, sondern lebten im Körper der Echsen weiter und ernährten sich dort von deren Innereien. So wurde nicht die Made, sondern der Jäger zur Beute.

Natürlich ist es nicht zu leugnen, daß viele Pfleger regelmäßig Fliegenmaden verfüttern, ohne jemals eine solche Erfahrung gemacht zu haben. Dennoch sollte man sich des Risikos bewußt sein.

Schaben

Sicher gehören Schaben nicht zu den angenehmsten Insekten, und es mutet schon etwas merkwürdig an, daß was in "normalen" Haushalten angewidert mit Insektenspray vernichtet, von "diesen merkwürdigen" Terrarianern im Hinterzimmer gezüchtet wird. Doch der ernsthafte Pfleger weiß um die Qualität dieser "Monster". Es ist auch nicht die Gewöhnliche Küchenschabe, die hier

behandelt werden soll, sondern die Totenkopf- oder Argentinische Schabe. Diese Schabe benötigt zur Fortpflanzung höhere Temperaturen und Luftfeuchtigkeit, was ihr die Vermehrung außerhalb des Zuchtbehälters unmöglich macht. Obwohl auch ihre Männchen lange braune Flügel besitzen, werden diese nicht zum Fliegen benutzt.

Die Zucht bei etwa 27 °C ist einfach und erfordert einen ähnlich ausgestatteten Zuchtbehälter wie bei den Schwarzkäferlarven. Man kann als Bodensubstrat aber auch Zeitungspapier verwenden, worauf einige Eierkartons aufgeschichtet werden, in denen sich das "lichtscheue Gesindel" verstecken kann. Wegen dieser Lichtscheu ist es wichtig, daß kein Licht in den Behälter eindringen kann. Schaben bevorzugen die Dunkelheit.

Die Ernährung erfolgt mit Küchenabfällen, Obst und Hundeflocken.

Das Weibchen legt keine Eier, sondern brütet ihren Nachwuchs in einer sogenannten Oothek im Körper aus. Bei der "Geburt" erblicken dann, 5 mm kleine, bereits völlig selbständige Schabenbabys die Dunkelheit ihrer Kinderstube, verstecken sich unter "Mutters" großem, schützenden Körper und wieseln aufgeregt, nach dunklen Ecken suchend durch den Behälter, wenn er geöffnet wird und Licht einfällt. Sie eignen sich bereits gut als Futter für kleine Echsen, wohingegen die adulten Schaben nur größeren Tieren angeboten werden sollten.

Verfüttert werden sollten sie direkt von der Pinzette oder in einem glattwandigen Behälter, damit sie nicht sofort unter Steinen oder Rindenstücken verschwinden. Sie sind als wertvolles Futter zu betrachten, das zwar wiederum nicht als alleinige Nahrung dienen sollte, dafür aber als das ballaststoffreiche "Vollkornbrot" unter den Futterinsekten gilt.

Ameisen

Dieses Futtertier wird eigentlich nur von Krötenechsen (Phrynosoma sp.), Flugdrachen (Draco sp.) und Taubleguanen (Holbrookia sp.) bevorzugt gefressen. Da es sich bei diesen Arten um Futterspezialisten handelt, die besser nur von den

G. DINGERKUS

So schön, grazil und farbenprächtig, jedoch schon heute ein seltener Anblick. Hände weg von Schmetterlingen, den Kleinoden unserer Wiesen und Gärten!

Experten unter den Terrarianern gepflegt werden sollten und andere Reptilien auf dieses Futtertier ohne gesundheitliche Schäden verzichten können, wollen wir es bei einer kurzen Erwähnung belassen. Es ist auch kaum zu vermuten, daß jemand wirklich den Wunsch verspürt, sich einen Ameisenhaufen in sein Haus oder seine Wohnung zu holen. Abschließend sei erwähnt, daß die Wald-ameise unter den gesetzlichen Arten-schutz fällt.

Wachsmaden

Bei den Arten *Galleria* und *Achroea* handelt es sich um die Raupen der Wachs-motte, die beide als "Kompott" auf dem Speiseplan für Echsen stehen. Was dem Bienenzüchter eine verhaßte Plage ist, bedeutet dem Terrarianer und seinen

Spinnen gibt es in vielen Formen und Größen, aber nicht alle sind als Echsenfutter geeignet. **Oben:** *Nephila clavipes.* Foto: S.A. Minton.
Unten: *Loxosceles laeta.* Foto: A. Perucca

Zahlreiche Agamen-Arten lieben Regenwürmer als Bestandteil ihrer gewöhnlich aus Insekten bestehenden Nahrung. Foto: M. Gilroy

Pfleglingen eine wahre Freude. Die sogenannten „Wachsmaden" werden von kaum einer Echse verschmäht, sind aber ein sehr fettes Futter und sollten deshalb nicht regelmäßig und in großen Mengen angeboten werden. Sie eignen sich gut als Zusatzfutter, besonders in der Jungtieraufzucht.

Die Zucht gestaltet sich einfach, vorausgesetzt man hat einen zuverlässigen Lieferanten von ungeschwefelten Wachswaben an der Hand. Bienenwachs bildet das Zuchtsubstrat und Nahrung in einem und ist generell nur von Bienenzüchtern

erhältlich, bei denen man nicht immer auf das nötige Verständnis trifft.

Man kauft sich im Tierhandel eine Portion Wachsmaden, die man als Zuchtansatz verwendet. Nun besorgt man sich ein dicht schließendes Gefäß mit winzigen Luftlöchern im Deckel, damit die frischgeschlüpften Maden nicht ausbrechen können. Wachsmaden sind bei der Suche nach Plätzen zum Verpuppen nicht wählerisch; von der Gardine bis unter den Teppich ist ihnen alles recht, um sich in ein Gespinst eingewebt zu einer Motte zu verwandeln.

Einer der wunderschönen Nachtfalter (Hyalophora cecropia), die im Volksmund als Motten bezeichnet werden.

W.B. ALLEN, JR.

Man füllt diesen Behälter nun mit Bienenwachs, das man gut zusammendrückt. Dann gibt man die Raupen hinein, schließt den Deckel und stellt den Behälter an einen relativ warmen Platz. Eine gesonderte Beheizung ist nicht erforderlich, wenn 22 bis 25°C gegeben sind.

Nach einigen Wochen hat man Wachsmaden im Überfluß. Diese verpuppen sich etwas später und werden zu Motten. Diese sind ebenfalls ein beliebter Leckerbissen, sollten jedoch erst verfüttern werden, wenn sie neue Eier gelegt haben, um die Vermehrung nicht zu gefährden. Da die Raupen ungeheure Mengen fressen, muß der Behälter immer wieder mit neuem Bienenwachs aufgefüllt werden. Zu hohe Feuchtigkeit muß verhindert werden, da die Zucht sonst durch Schimmelbildung und Milbenbefall zerstört wird.

Beide Wachsmotten-Arten unterscheiden sich lediglich durch ihre Größe. Bei der Kleinen Wachsmotte eignen sich die Raupen nur für kleine Echsen und Jungtiere, wohingegen die der Großen Wachsmotte 2 cm Länge erreichen können und damit auch für die größeren Echsen akzeptabel sind.

Spinnen

Da man diese Futtertiere weder im Zoohandel kaufen, noch in der Wohnung züchten kann und möchte, beschränkt sich dieser Abschnitt auf den Hinweis, daß man seinen Pfleglingen ab und an eine Freude machen kann, wenn man eines dieser langbeinigen Exemplare im Keller oder an der Hauswand entdeckt und als kleine "Aufmerksamkeit" mitbringt. Damit sind natürlich keine Spinnen gemeint, die unter Artenschutz fallen oder, mit kräftigen Mundwerkzeugen ausgerüstet, eine Gefahr für die Echse darstellen könnten.

Spinnen sind nicht als unbedingt notwendige Erweiterung des Speiseplans zu betrachten; man kann auch auf sie verzichten.

Ein Leopardgecko frißt eine nestjunge Maus. Diese sonst insektivoren Echsen sind von einem solchen Leckerbissen immer begeistert.

J. MERLI

R.S. SIMMONS

Eine Glasschleiche *(Ophisaurus compressus)* ernährt sich von einer Vielzahl Wirbelloser.

Motten

Neben der bereits behandelten Wachsmade, aus der die Wachsmotte wird, gibt es außer der sehr kleinen und kaum für Echsen interessanten Mehlmotte keine anderen Motten-Arten, deren Züchtung sich lohnt. Was mit Hilfe der bereits beschriebenen "Lichtfalle" als kleine, nachtaktive "Motten" ins Netz geht, muß also ausreichen. Was im Volksmund als Motten bezeichnet wird, sind vielfach Nachtfalter. Hier muß klar und deutlich gesagt werden: Hände weg von Schmetterlingen, egal wie groß oder klein oder unscheinbar sie auch sein mögen.

Von der Tatsache abgesehen, daß viele europäische Arten unter Naturschutz stehen, bedeutet jeder verfütterte Schmetterling ein zauberhaftes Kleinod weniger auf unseren Wiesen, Feldern und in den Gärten. Die Ernährung unserer Echsen darf nicht zur mutwilligen Zerstörung der wenigen wirklich schönen Dinge führen, die uns noch geblieben sind.

Regenwürmer

Hier handelt es sich wirklich um einen echten Wurm. Er wird aber trotzdem von vielen insektenfressenden Echsen gerne angenommen und muß somit auch Erwähnung finden.

Der Regenwurm ist eine nahrhafte Ergänzung des Speiseplans und überall dort zu finden, wo man auf feuchtes Erdreich trifft. Käuflich zu erwerben, ist er meistens in kleine, mit Sägemehl gefüllte Plastikschachteln verpackt.

In Regenwaldterrarien eignen sie sich außerdem zum Lockerhalten des Bodensubstrates. Da sie sich ausschließlich von Fäulnisstoffen ernähren, fungieren sie dort auch als "Gesundheitspolizei", indem sie abgestorbene Pflanzenteile und den Kot der Echsen vertilgen und mit ihren Ausscheidungen Dünger für die Terrarienpflanzen liefern.

Besonders gern werden Regenwürmer von Nackenstachlern *(Acanthosaura sp.)*, Winkelkopfagamen *(Gonocephalus sp.)*, etlichen Skinken und dem Scheltopusik *(Ophisaurus apodus)* gefressen.

Regenwürmer sind einfach zu züchten, indem man einen etwa 30 x 30 x 20 cm großen Plastikbehälter zu zwei Dritteln mit guter, humusreicher, ungedüngter Blumen- oder Walderde füllt. Einige Regenwürmer aus dem Garten werden dazugegeben und mit Hafermehl und Küchenabfällen gefüttert. Der Behälter wird an einen nicht zu kalten, vor allem aber nicht zu warmen Platz gestellt und mit einem Deckel abgedeckt, der einige Luftlöcher hat. So findet ein Luftaustausch statt, der das Schimmeln der Erde verhindert, ohne daß alle Feuchtigkeit entweichen und das Substrat austrocknen kann.

Der einzige Nachteil hierbei ist, daß man einiges an Geduld aufbringen muß, bis man endlich die ersten kleinen Regenwürmer ernten kann.

Nestjunge Mäuse

Natürlich zählen Mäuse zu den Wirbeltieren und gehören somit nicht unbedingt auf den Speisezettel von insektenfressenden Echsen. Dennoch gibt es einige größere Vertreter die, wie ausgewachsene Leopardgeckos, kleine Waran-Arten, Tokehs, Halsbandleguane, Basilisken und Grüne Leguane, eine "deftige" Mahlzeit nicht verschmähen.

Mäuse haben einen ausgezeichneten Nährwert. Viele Schlangen werden ihr Leben lang ausschließlich mit Mäusen ernährt. Für Echsen wären Mäusebabys als Hauptnahrung zu protein- und fetthaltig, aber als Ergänzung der Nahrungspalette sind sie wertvoll. Verfüttern sollte man sie aber wirklich nur an solche Echsen, die sie gern fressen und auch bewältigen können.

Wer nur eine kleine Gruppe von Echsen

zu versorgen hat, kann seine Mäuse stückweise im Zoohandel, bei einem Mäusezüchter oder auch bei einem der vielen Schlangenpfleger kaufen, die oft größere Mäusezuchten betreiben. Wer aber von allem unabhängig sein möchte und größere Mengen benötigt, wird sie doch lieber selbst züchten wollen.

Käfige für die Mäusezucht kann man in guten Zoogeschäften kaufen, wovon man auch unbedingt Gebrauch machen sollte. Eine Mäusezucht in einer Holzkiste führt zu starker Geruchsbelästigung und dazu, daß die Tiere entweichen.

Als Zubehör für einen Mäusekäfig braucht man noch einen Wasserspender mit Trinktülle, denn Mäuse reagieren auf Kontaktfeuchtigkeit in ihrem Käfig ausgesprochen aggressiv. Als Bodengrund verwendet man Zeitungspapier, Papierstreu oder Hobelspäne, die besonders saugfähig und geruchsneutralisierend sind.

B. KAHL

Ein Schneckenskink (*Tiliqua gerardii*), der seinem Pfleger aus der Hand frißt.

Bei der Mäusezucht ist Hygiene ein besonders wichtiger Faktor. Der Käfig muß mindestens einmal pro Woche vollständig gereinigt und das Substrat ausgetauscht werden. Das Wasser im Spender sollte alle zwei Tage erneuert und die Flasche mit einer Flaschenbürste von sich bildenden Algen gesäubert werden. Die Abdeckung des Käfigs muß fest schließen und eingerastet sein. Ein normalgroßer Mäusekäfig sollte mit einem Männchen und maximal drei Weibchen

Gegenüberliegende Seite: Eine zutrauliche *Mabuya perroteti* vertilgt eine Grille.
Foto: B. Kahl

besetzt werden. Jedes weitere Tier führt zu aggressiven Handlungen unter den Tieren und zum Auffressen der Mäusebabys. Mehr als ein Männchen in einem Käfig führt zu Rangkämpfen auf Leben und Tod. Der typische "Mäusegeruch" entsteht durch die Reviermarken der Männchen und läßt sich kaum vermeiden.

Gefüttert werden die kleinen Nager mit kommerziellem Kleinnagerfutter, Hundepellets und ab und zu einem Stück Apfel oder einer Karotte.

nicht verfüttert, so muß man sie großziehen und mit ihnen eine zweite Zuchtgruppe bilden oder sie an andere Echsen- oder Schlangenpfleger abgeben. Von Waranen werden nicht nur ausgewachsene Mäuse sondern sogar Ratten verzehrt.

Natürlich gibt es noch viele andere Insekten, Würmer, Spinnentiere und Kleinnager, die sich als Futter für Echsen eignen und auch selbst gezüchtet werden können. In diesem Buch wollen wir es aber bei den angesprochenen Arten

W.B. ALLEN, JR.

Diese Steppengrillen fressen an einer Orangenscheibe, die mit einem Vitamin-Calciumpulver bestreut ist.

Mäuse werden bereits mit sechs Wochen geschlechtsreif. Von einem Weibchen kann man über einen Zeitraum von einem Jahr etwa alle sechs Wochen einen Wurf von fünf bis neun Jungen erwarten. Die Tragzeit beträgt drei Wochen. Ein Mäuseweibchen kommt alle fünf Tage in Brunst, kann also fast ständig gedeckt werden. Bei den Jungen ist 10 Tage nach der Geburt der erste leichte Fellwuchs zu sehen, und die Augen werden nach 14 Tagen geöffnet.

Hat man die Nestjungen bis dahin noch

belassen, da sie für eine ausgewogene Echsenernährung ausreichen sollten.

In jedem Fall darf keines der aufgeführten Futtertiere als alleinige Nahrung gesehen werden. Nur eine Kombination von mehreren oder sogar allen Arten wird den gewünschten Erfolg bescheren und die Echsen wirklich gesund erhalten.

Als Faustregel gilt, daß die Futtertiere bei jeder zweiten Fütterung mit einer Vitamin/Mineralstoffmischung bestäubt werden sollten, um Mangelerscheinungen im Vorfeld zu verhindern.

Nachdem nun eingehend besprochen wurde, was alles auf dem Futtertiermarkt erhältlich, zu Hause züchtbar und für die Echsen freßbar ist, können wir uns damit beschäftigen, welche Echsenart und -größe man mit welcher Futterkombination, -größe, und -menge bestmöglich ernährt.

Oftmals werden Futterinsekten angeboten, die größenmäßig nicht zu dem Tier passen, von dem sie gefressen werden

ben zu ernähren, doch sollten diese seiner Größe angemessen klein sein. Es geht nicht nur darum, daß der kleine Kerl voll damit zu tun hätte, eine ausgewachsene Schabe oder Zweifleckgrille zu bewältigen, sondern vielmehr darum, daß es ihm fast unmöglich wäre, diese Futterbrocken auf normalem Wege zu verdauen. Es kann passieren, daß das Futter nur halbverdaut wieder ausgewürgt wird. Das ist nicht nur eine Ver-

J. DOMMENS

Ein Ritteranoli *(Anolis equestris)* hat eine Heuschrecke erbeutet.

sollen. Die Auswahl der richtigen Futtergröße ist besonders bei den Arten wichtig, die von Hause aus sehr wählerisch oder nur schwer an ein Ersatzfutter zu gewöhnen sind, weil eine ganz spezielle Futterart nicht geboten werden kann. Aber auch für alle anderen Echsen ist das passende Futter für eine korrekte Verdauung wichtig.

Beispielsweise erreicht ein Hausgecko *(Hemidactylus frenatus)* nur eine Gesamtlänge von etwa 12 cm. Es ist zwar eine ausgesprochen gute Idee, ein solches Tier mit Grillen, Mehlwürmern und Scha-

schwendung von Futterinsekten, sondern in erster Linie eine körperliche Strapaze für den Gecko, die ihn mehr Energie kostet als er aufnimmt.

Im anderen Fall wird es einem ausgewachsenen Leopardgecko keine Freude bereiten, hinter Mikrogrillen oder Obstfliegen herzujagen, um endlich das leere Gefühl in seinem Magen loszuwerden. Jedes glücklich ergatterte Grillchen hätte er sich auf der Jagd nach der nächsten bereits wieder abgearbeitet. Fett kann ein solches Tier bestimmt nicht ansetzen, aber satt und wohlgenährt wird es wohl auch nie sein.

Die Futtermenge stellt ebenfalls einen wichtigen Faktor dar. Hierbei muß der Pfleger etwas auf seinen Instinkt vertrauen und die Tatsache berücksichtigen, wie aktiv oder inaktiv seine Echsen sind. Ein sehr aktives Tier benötigt öfter Futter als ein träges, ein junges, heranwachsendes Tier braucht fast täglich Futter, und ein großes Tier verlangt nach einer größeren Portion als ein kleines.

Einige Echsen fressen nur bis sie satt sind und ignorieren übriggebliebene Futtertiere. Andere dagegen stopfen alles Freßbare in sich hinein, dessen sie habhaft werden können. Wie man bereits sehen kann, gibt es zum Thema "wieviel, wie oft" keine Faustregel, die generell anwendbar ist. Aber es gibt eine Grundsatzregel, die einem hier weiterhilft - ein Reptil sollte weder Hungerfalten noch Speckrollen haben.

Wichtig ist in jedem Fall, daß trächtige Weibchen und Jungtiere besonders nahrhaftes und calciumreiches Futter brauchen, daß etwa ein bis zwei Wochen vor Antritt einer Winterruhe nicht mehr gefüttert werden soll, damit die Tiere mit einem leeren Verdauungssystem in den Winterschlaf gehen und daß sie nach der Winterruhe ebenfalls besonders gutes Futter brauchen, um ihre verbrauchten Reserven wieder auffüllen zu können.

Zusammengefaßt kann gelten:

Eine gute Ernährung besteht aus der Kombination der für das Tier geeigneten Futtertiere, deren angemessener Größe und der auf die Echse zugeschnittenen Mengen. Ob Futter bei erwachsenen Echsen nun einmal wöchentlich, täglich oder jeden zweiten Tag verabreicht wird, bleibt dem Pfleger und seinem Urteilsvermögen überlassen. Wichtig ist nur, daß die Tiere nicht abmagern oder verfetten.

Präparieren von Futterinsekten

Wie man den Nährwert von Futterinsekten eigener Produktion erhöht, konnte bereits unter den verschiedenen Arten nachgelesen werden. Wie verhält es sich aber mit den Futtertieren, die der Pfleger im Handel kauft, weil er keine eigenen Futtertierzuchten unterhält?

In den allermeisten Fällen muß man davon ausgehen, daß der Händler die zu verkaufenden Grillen, Mehlwürmer oder Schaben in einem Behälter aufbewahrt,

Mehlwurmzucht. Mehlwürmer gehören zu den einfach zu züchtenden Futtertieren; sie sind ausgesprochen genügsam.

W.P. MARA

M. GILROY

Altweltliche Echsen ernähren sich in der Natur auch von dieser Wanderheuschrecke *(Locusta migratoria)*.

der vielleicht etwas Sägemehl oder Zeitungspapier enthält, kaum aber nahrhaftes Futter. Im Normalfall ist das für ihn auch nicht von Bedeutung, da die Futtertiere oftmals so schnell verkauft sind, daß ihr Aufenthalt im Zooladen vielleicht nur ein oder zwei Tage dauert. Der Käufer muß damit rechnen, daß seine gekauften Futtertiere ausgehungert und somit nicht sonderlich gehaltvoll sind. Aus diesem Grunde sollten sie für mindestens einen Tag mit vitaminreicher Nahrung präpariert werden.

Pfleger, die öfter als einmal pro Woche füttern, legen sich gerne einen kleinen Futtervorrat an. Zur vorübergehenden Unterbringung gelten die gleichen Regeln, die für die Zucht der einzelnen Arten aufgeführt wurden. Zwar können die Behälter in diesem Fall etwas kleiner sein, und es ist auch nicht unbedingt

erforderlich, diese mit Bodensubstrat auszustatten, was jedoch das Futter angeht, haben auch hier die gleichen Angaben Gültigkeit. Nur so können die Futtertiere überleben und ihren Zweck erfüllen.

Auf der Wiese gekescherte oder mit der Lichtfalle gefangene Wildinsekten sollten möglichst am gleichen Tag verfüttert werden. Hier kann man sich eine "Vorbereitung" sparen, denn sie könnten kaum nahrhafter gemacht werden als sie bereits sind.

Bestäuben von Futterinsekten

Wie erwähnt, sollen alle Futterinsekten bei jeder zweiten Fütterung mit einer Vitamin-Mineralstoffmischung bestäubt werden. Damit ist nun nicht gemeint, daß man durch die Verwendung solcher Pülverchen auf eine ausgewogene und vitaminreiche Ernährung seiner Echsen verzichten könnte. Die Bestäubung soll lediglich sicherstellen, daß die Tiere mit allen Mineralien, Spurenelementen und Vitaminen versorgt werden, die sie zu ihrem Wohlergehen brauchen.

Nun kann man aber nicht einfach irgendwelche Produkte kaufen. Es gibt eigens für Reptilien hergestellte Präparate, die gezielt auf den Organismus und die Bedürfnisse dieser Tiere abgestimmt sind. Diese, sollten und dürfen zum Wohle der Echsen verwendet werden.

Wer es ganz richtig machen will, der befragt einen erfahrenen Tierarzt und läßt sich ein Produkt empfehlen. Man kann aber davon ausgehen, daß alle für Reptilien hergestellten Vitamin-Mineralstoffmixturen ohne schädliche Wirkung verwendbar sind. Man sollte darauf achten, daß die Zusammensetzung des Produkts auch ausreichende Mengen an Calcium und Phosphor enthält, zwei sehr wichtige Stoffe. Anderenfalls kauft man eine Calcium/Phosphormischung dazu und vermengt beide Produkte.

Zum Bestäuben setzt man die Futterinsekten am besten in einen hohen, zylinderförmigen Behälter, streut etwas von der Pulvermischung dazu, hält den Behälter oben zu und schüttelt einmal kräftig. Nun können die Insekten verfüttert werden.

Vitamine, Calcium und Phosphor können nicht nur Mangelerscheinungen verhindern oder beheben, sie können auch überdosiert werden. Um Vergiftungen und/oder Kalkablagerungen in den Gelenken zu verhindern, sollte man sich unbedingt an die vorgeschriebenen Dosierungen in den Packungsbeilagen halten oder den Tierarzt zu Rate ziehen.

Ernährungsbedingte Erkrankungen

Stoffwechselbedingte Knochendeformierungen

Dieses Krankheitsbild ist das Ergebnis einer aus Unwissenheit oder mangelnder Aufmerksamkeit gebotenen nährstoffarmen und unausgewogenen Ernährung. Es ist am häufigsten bei vegetarischen Reptilien wie Landschildkröten und einigen Leguanen zu verzeichnen, kann aber auch bei carnivoren und omnivoren Tieren auftreten.

Der Auslöser dieser Erkrankung ist eine unausgeglichene oder unzureichende Versorgung mit Calcium und Phosphor, was besonders schnell bei Jungtieren zu einer Deformation des Knochenbaues führt. Die Knochen in den Gliedmaßen wachsen unterschiedlich schnell, was bizarre Verformungen der Glieder, brüchige Knochen und vermutlich Schmerzen für das Tier zur Folge hat. Diese Erscheinungen können auch durch ein Defizit von Vitamin D_3 entstehen. Durch unzureichende UV-Bestrahlung oder nicht ausreichende Beifütterung von Vitaminen kann der Organismus des Tieres keine ausreichenden Mengen von Vitamin D_3 bilden, was zu einem unausgeglichenen Calcium-Phosphor-Haushalt führen kann. Für Reptilien, die eine hohe UV-Strahlung benötigen, jedoch nicht das natürliche Sonnenlicht nutzen können, sind daher Tageslichtbeleuchtungen für die Terrarien zu empfehlen, die im Fachhandel erhältlich sind und dem Organismus des Tieres bei der Synthese von Vitamin D_3 helfen.

Eine Knochenerweichung muß von einem Tierarzt behandelt werden, der gewöhnlich wöchentlich zwei bis drei Injektionen einer Calcium-Phosphorlösung verabreichen wird. Außerdem sind erhöhte Vitamin-D_3- und Calciumkarbonatgaben in Verbindung mit einer gehaltvollen und ausgewogenen Diät erforderlich.

Diese Behandlung kann bereits entstandene Deformationen an den Knochen nicht beheben, sie kann aber verhindern, daß zusätzliche entstehen.

Vitamin-A-Mangel

Dieses Krankheitsbild tritt nicht bei Vegetariern, gelegentlich aber bei insektenfressenden Reptilien im Terrarium auf. Die häufigsten Symptome sind geschwollene Augenlider und Atembeschwerden. Auch hier ist eine nicht ausreichend mit Vitaminen angereicherte Ernährung der Auslöser. Das verstärkte Beifüttern von Vitamin-A- haltigem Futter und das Bestäuben der Futtertiere mit Vitamin-A- Pulver, können bei leichten Mange-

P. FREED

Florfliegen werden gern von kleinen Echsen gefressen.

lerscheinungen bereits ausreichen. In schwereren Fällen muß auch hier der Tierarzt helfen.

Vitamin-B-Mangel

In seltenen Fällen leiden Reptilien unter einem Vitamin-B_2-Mangel. Ein deutliches Anzeichen sind Lähmungserscheinungen der hinteren Gliedmaßen. Am häufigsten sind Leguane und Agamen davon betroffen. Diese Mangelerscheinung kann aber durch eine richtige Ernährung und das Beifüttern von Vitaminen verhindert werden.

Vitamin-C-Mangel

Hierbei handelt es sich um eine Mangelerkrankung, die oft und vermutlich zu Unrecht für das Auftreten von Maulfäule bei Terrarientieren verantwortlich gemacht wird. Auch hier kann durch ausreichend vitaminisiertes Futter vorgebeugt werden.

B. KAHL

Halsbandleguane trinken nur gelegentlich. Wird oft und ausgiebig getrunken, kann das ein Krankheitsanzeichen sein.

Fettleibigkeit

Obwohl Reptilien als aktive Tiere gelten, die sich ihre Kalorien „abrennen", trifft das nicht immer und auch nicht auf verfettete Exemplare zu. Natürlich verbraucht ein normal aktives Tier seine Fettreserven durch Bewegung, aber dieses Gleichgewicht gerät schnell aus den Fugen, wenn eine falsche Ernährungsweise vorliegt.

Wird ein Tier mit zu großen Mengen zu reichhaltigen Futters ernährt, sieht es anfangs lediglich vollgefressen aus. Reagiert der Pfleger nicht mit einer besseren Diät und kleineren Mengen, wird das Tier träge und faul, schränkt seine Aktivität ein und läßt sich sein Futter nur noch in das Maul laufen, anstatt ihm nachzujagen. Wie bei jedem anderen zu dicken Lebewesen, werden Herz, Leber, Nieren und Kreislauf so belastet, bis es zu unreparablen Schäden an den Organen kommt, die letztlich zum Tod führen. Tiere, die ein solches Stadium der Verfettung erreicht haben, können nur noch durch das Fachwissen eines Tierarztes und die hoffentlich nun vorhandene Disziplin des Pflegers gerettet werden.

Auswürgen von Futter

Für diese Erscheinung kann es mehrere Gründe geben. Es kann ein zu großes Futtertier sein, das sich der Konsument mit viel Mühe hineingezwängt hat, es aber nicht verdauen kann. Es kann eine zu niedrige Temperatur im Terrarium sein, die es dem Organismus der Echse nicht ermöglicht, die aufgenommene Nahrung zu verdauen. Es kann aber auch eine Erkrankung vorliegen, was sich neben anderen Symptomen in beiden Fällen auch durch das Erbrechen von Nahrung bemerkbar machen kann. Weitere Begleiterscheinungen einer solchen Erkrankung sind Masseverlust und Durchfall. Im Zweifelsfall ist es sicherer, auch hier einen Tierarzt zu befragen.

Endoparasiten

Es gibt eine ganze Reihe von Parasiten, die das Verdauungssystem eines Reptils befallen können. In den häufigsten Fällen handelt es sich dabei um Rund- oder Bandwürmer, die beide durch Kotuntersuchungen nachgewiesen werden können. Anzeichen für einen solchen Wurmbefall sind ein gesteigerter Appetit ohne Mas-

DR. FREDRIC FRYE

Einem Grünen Leguan wird Calciumlösung injiziert. Er leidet an einer stoffwechselbedingten Knochenerkrankung.

sezunahme. In den meisten Fällen ist sogar ein Verlust an Lebendmasse festzustellen, obwohl das Tier reichliche Nahrungsmengen aufnimmt. In fortgeschrittenem Stadium nimmt die Lebendmasse des Tieres drastisch ab, die Augen fallen ein, es wird apathisch.

Wird keine Behandlung eingeleitet, wird die Echse sterben. Durch geeignete Wurmkuren kann das allerdings verhindert werden.

Vorbereitungsphase auf die Winterruhe befindet, oder die Echse ist eine Diät aus Grillen, Grillen und nochmals Grillen leid und tritt darum in den Hungerstreik. Weitere Ursachen können Unterdrückung durch ein dominantes Tier, zu hohe oder zu niedrige Temperaturen, eine nicht artgerechte Luftfeuchte oder auch fehlender Sichtschutz sein. In solchen Fällen läßt sich das eigentliche Problem nicht mit Zwangsfütterungen aus

DR. FREDRIC FRYE

Ein schwerer Fall von stoffwechselbedingter Knochenerkrankung.

Zwangsernährung

Bei kranken, anderweitig geschwächten oder jungen Echsen kann eine Zwangsernährung erforderlich werden. Die zwangsweise Fütterung von Reptilien ist eine drastische Maßnahme und sollte nur in schweren Fällen angewandt werden, in denen jegliche selbstständige Nahrungsaufnahme verweigert wird.

Man sollte keinesfalls bei einem offensichtlich gesunden Tier zur Zwangsfütterung greifen, wenn das einzige Symptom die Nahrungsverweigerung ist. Hier könnten Faktoren eine Rolle spielen, bei denen eine Zwangsernährung eher schadet als hilft. Beispielsweise kann ein trächtiges Weibchen in den letzten Wochen vor der Eiablage unter Appetitlosigkeit leiden und deshalb nicht fressen wollen. Ein anderer Grund kann sein, daß das betreffende Tier sich in der

der Welt schaffen; sie können durch unnötigen und zusätzlichen Streß sogar zur Verschlechterung der Situation beitragen.

Kann man den wirklichen Grund für die Nahrungsverweigerung nicht ergründen oder ist man sich bei seiner Diagnose nicht sicher, sollte ein Tierarzt aufgesucht und das Tier unter Quarantäne gehalten werden.

In erster Linie müssen in solchen Fällen die Haltungsbedingungen, also Tages- und Nachttemperaturen, Luftfeuchtigkeit, Beleuchtungsdauer und die Möglichkeit von Aggressionen zwischen den Tieren überprüft werden. Erweisen sich diese Faktoren als korrekt, liegt die Vermutung nahe, daß das Tier unter einer Krankheit leidet, die umgehend von einem Fachmann diagnostiziert und behandelt werden muß.

Nun nutzt die beste Behandlung und Pflege nichts, wenn der Patient weiterhin die Nahrung verweigert und so auch oral zu verabreichende Medikamente nicht aufnimmt. Hier ist der Punkt erreicht, wo eine Zwangsernährung zum Einsatz kommen muß.

Die Zwangsfütterung eines Reptiles erfordert einige Erfahrung, denn sie ist eine streßträchtige Prozedur für das Tier, die auch ein recht hohes Risiko für Verletzungen birgt. Wer also auf diesem Gebiet Laie ist, sollte sich von einem erfahrenen Terrarianer helfen oder die Durchführung

und Fingerspitzengefühl sind hier unerläßlich. Behält die Echse das Futter im Maul und fängt an zu kauen, lockert man den Griff der Hand und wartet, bis die Nahrung hinuntergeschluckt wurde. Es sollte nur wenig Futter verabreicht werden, um herauszufinden, ob das Tier auch gut verdauen kann. Erst dann kann man die Futtergaben erhöhen. Trotzdem müssen die Futtertiere möglichst klein bleiben, denn bei der Zwangsfütterung besteht immer die Gefahr, daß das in das Maul geschobene Futtertier die Luftröhre der Echse blockiert. Wird das Futter

Ein Leguan mit Vitamin-A-Mangel. Dieser spezielle Fall erfordert Vitamin-A-Injektionen, um die Sehfähigkeit des Tieres zu retten. Foto: Dr. F. Frye aus seinem Buch "Reptile Care"

dem kundigen Tierarzt überlassen.

Es gibt zwei Methoden der Zwangsfütterung. Ist das Tier noch nicht allzu stark abgemagert, kann man versuchen, kleine Futterhappen in das Maul des Tieres zu befördern. Man verwendet extrem kleines, weiches Futter, das besonders gehaltvoll und gut mit Vitamin- und Mineralstoffpulver überstäubt ist und sich problemlos mit den Fingern oder einer stumpfen Pinzette halten läßt.

Mit einer Hand hält man das Tier fest, stützt mit Daumen und Zeigefinger der gleichen Hand seinen Kopf, und stößt das Maul mit dem Futtertier in der anderen Hand an. Vielleicht wird sie als Abwehrverhalten das Maul öffnen und das Futter kann hineingeschoben werden.

Oft funktioniert das nicht gleich beim ersten Mal, weil das Tier den "Fremdkörper" sofort wieder ausspuckt. Geduld

also nicht heruntergeschluckt, sondern lediglich im Maul behalten, sollte es wieder herausgenommen werden, damit es nicht zur Erstickung kommt. Bei zu großen Futterbrocken besteht ein erhöhtes Risiko für solche Unfälle.

Wenn das Tier sein Maul nicht bereitwillig öffnet, und sei es auch nur, um in den Finger des Pflegers zu beißen, muß es zwangsweise geöffnet werden. Das erfordert viel Gefühl und oftmals die Hilfe eines Assistenten.

Um das Tier bei dieser Aktion nicht zu verletzen, benutzt man einen kleinen Holzspatel, der vorsichtig seitlich zwischen die Zähne geschoben und dann wie ein Hebel verwendet wird. Das sollte mit so wenig wie möglich Druck geschehen, damit man dem Tier nicht den Kiefer ausrenkt oder sogar bricht.

Funktioniert diese Methode der Zwangsfütterung nicht, muß das Tier über einen Katheter mit Flüssignahrung versorgt werden. Diese Art der Zwangsfütterung ist meist effektiver, jedoch auch schwieriger. Für diesen Vorgang sollte in jedem Fall ein Assistent verfügbar sein.

Hierfür benötigt man eine Plastikspritze und einen Katheter, der in der Länge auf das betreffende Tier zugeschnitten werden und auch vom Durchmesser her der Größe des Patienten angepaßt sein muß. Nun wird ein Nahrungsbrei zubereitet, der aus gehaltvollen, zu einer breiigen Masse zerkleinerten Futterinsekten, Vitaminen, Mineralien und den zu verabreichenden Medikamenten besteht. Der Brei darf nicht zu grob oder dickflüssig sein, damit er den Katheter nicht verstopft.

Er wird nun in die Spritze gefüllt, der Schlauch auf die Spitze gezogen und mit Brei aus der Spitze gefüllt, das Maul des Tieres geöffnet und mit Hilfe eines Holzspatels vom Assistenten offen gehalten. Langsam und vorsichtig werden nun der mit Eiweiß oder Speiseöl gleitfähig gemachte Schlauch durch das Maul, über die Speiseröhre in den Magen des Tieres geschoben und der Inhalt der Spritze ebenso langsam durch den Schlauch gepreßt.

Dann wird der Katheter wieder vorsichtig herausgezogen, das Tier zurückgesetzt und in Ruhe gelassen.

Die Risiken dieser Methode sind: Verletzungsgefahr durch falsche Durchführung, die Verabreichung von zu großen Breimengen, zu kleine, wirkungslose Mengen.

Deshalb sollte eine Zwangfütterung mit einem Katheter niemals von einem Laien, sondern generell nur von einem Fachmann durchgeführt werden. Schon viele Tiere sind an den Folgen einer unkorrekt ausgeführten Schlauchfütterung gestorben.

Freßverhalten

Kommen wir nun zu der Art und Weise, wann und wie oft Echsen bevorzugt Nahrung aufnehmen.

Wenn ein Pfleger seine Echsen gut beobachtet, wird er feststellen, daß die einzelnen Echsenarten ein unterschiedliches Freßverhalten zeigen. Dieses Verhalten kann auch innerhalb einer Art individu-

ell verschieden sein und von den Haltungsbedingungen beeinflußt werden.

Kleine, besonders aktive Echsen besitzen einen raschen Stoffwechsel, weshalb sie öfter fressen müssen als ein größeres, wenig aktives Tier mit langsameren Stoffwechsel. Was aber bei allen Reptilien aller Größen- oder Altersgruppen beobachtet werden kann, ist die Tatsache, daß Nahrung immer erst dann aufgenommen wird, wenn der Körper seine "Betriebstemperatur" erreicht hat. Das heißt, daß eine kalte Echse nicht frißt, weil ihr Organismus in diesem Zustand zu langsam arbeitet, um ihr das Jagen und Verdauen von Beutetieren zu ermöglichen. So wird sie erst versuchen, ihre Körpertemperatur zu erhöhen, indem sie den wärmsten Teil ihres Terrariums aufsucht und dort so lange bleibt, bis die äußere Wärme ihren Körper aufgeheizt hat.

Erst dann wird das Tier Hunger verspüren und sich auf Futtersuche begeben. Das äußert sich gewöhnlich in Herumlaufen, Herumstochern mit der Nase im Bodengrund und unter Einrichtungsgegenständen oder auch manchmal in einem aggressiveren Verhalten den Mitbewohnern gegenüber.

Manche Echsen verfügen über einen so rasanten Stoffwechsel, daß sie bereits nach ein oder zwei Tagen ohne Futter Hungerfalten zeigen oder seitlich vor den Hinterbeinen eingefallen wirken.

Bei besonders trägen, zu Fettleibigkeit neigenden Tieren ist es vielleicht ratsam, auf offensichtliche Anzeichen von Hunger zu warten, bevor die nächste Futterration verteilt wird. So kann man ein Überfüttern vermeiden.

Handelt es sich aber um normal oder sehr aktive Tiere, sollte man nicht zu spät reagieren.

Optimal ist ein festgelegter Fütterungsplan, der den Ansprüchen der einzelnen Tiere gerecht wird und die folgenden Hinweise berücksichtigt.

1.) Die meisten insektenfressenden Echsen sind ständig auf der Jagd nach Futter. Ein Rotkehlanoli verspeist beispielsweise in der Natur zwischen 6 und 20 kleine Insekten pro Tag. Natürlich wäre es kein Problem, dem Tier täglich eine solche Futtermenge anzubieten,

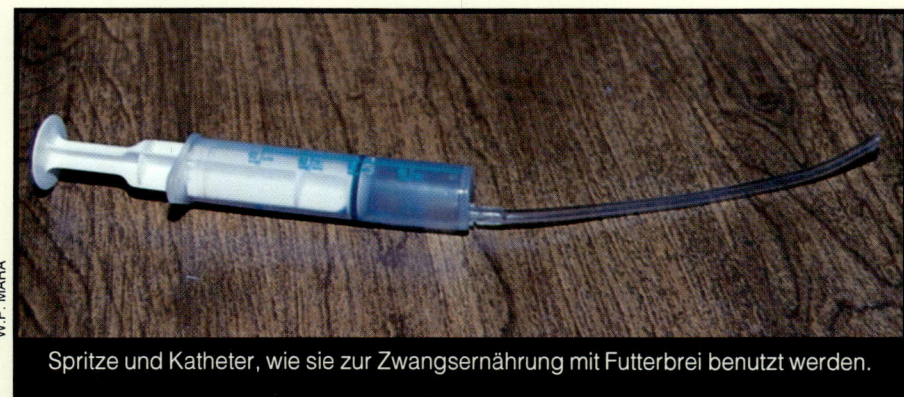

W.P. MARA

Spritze und Katheter, wie sie zur Zwangsernährung mit Futterbrei benutzt werden.

aber die Verhältnisse im Terrarium sind hier doch anders.

So kann man davon ausgehen, daß der im Terrarium verfügbare Bewegungsfreiraum nicht dem in der Natur entspricht. Das Tier muß also unter den gegebenen Umständen zwangsweise inaktiver sein und benötigt somit weniger Nahrung. Außerdem frißt der Anoli in der Natur diese Menge von Insekten nicht hintereinander, sondern über den Tag verteilt. Bietet man nun im Terrarium zehn Grillen an, wird er sie entweder alle auf einmal fressen, was seinem Verdauungssystem nicht sonderlich bekommt oder er wird einige Grillen fressen und die restlichen ignorieren. Die haben nun genug Zeit, sich so gut zu verstecken, daß der Anoli sie nicht mehr finden kann, wenn er zur nächsten Mahlzeit schreiten möchte.

In diesem Fall empfiehlt sich eine zweimalige Fütterung pro Tag mit jeweils etwa drei bis vier Insekten. Da die meisten Terrarianer tagsüber einem Broterwerb nachgehen, können die Fütterungen nur morgens und abends stattfinden. Morgens ist es aber vielleicht noch zu früh und das Tier noch kalt, abends ist es unter Umständen bereits zu spät, denn Anolis sind tagaktiv und stellen ihre Aktivitäten mit Beginn der Abendstunden ein. Man wird also auf eine Fütterung pro Tag zurückgreifen und durch Beobachtungen herausfinden müssen, welche Menge wann verabreicht günstig ist.

Ein besonderes Problem stellen die sogenannten opportunistischen Fresser dar, die nie mehr als ein Futtertier auf einmal fressen, kurze Zeit später jedoch schon wieder Hunger haben. Eine praktikable Lösung ist, hier ein ausbruchssicherer Futternapf, der stets einige Futtertiere enthält.

2.) Größere Echsen, wie Halsbandleguane oder Agamen, ernähren sich allgemein von größeren Futtertieren, wodurch ihre Verdauung langsamer vonstatten geht. Man kann davon ausgehen, daß tägliche Fütterungen nicht erforderlich sind. Hier reichen drei Fütterungen wöchentlich aus, um das Verdauungssystem nicht überlasten und Fettablagerungen zu verhindern.

3.) Viele Echsenarten halten in der Natur in den kalten und nahrungsarmen Monaten eine Winterruhe. Wenn sich diese Periode nähert, hören sie auf zu fressen, damit ihr Verdauungssystem für die Ruhephase entleert wird. Während der Winterruhe arbeitet der Organismus der Tiere mit minimaler Leistung, so daß eine Verdauung unmöglich ist. Nahrungsreste im Darmtrakt würden faulen und das Tier vergiften. Aus diesem Grund müssen auch in der Terrarienhaltung die Temperatur langsam abgesenkt und die Futtergaben etwa ein bis zwei Wochen vor Antritt der Winterruhe eingestellt werden.

4.) Kranke oder neuerworbene Tiere zeigen meistens kein natürliches Freßverhalten. Hier müssen Erfahrung und Einfühlungsvermögen des Pflegers Richtlinie dafür sein, wieviel, wann und wie oft Futter verabreicht werden sollte.

Früchte und Gemüse

Es wird den einen oder anderen Pfleger von insektenfressenden Echsen überraschen, daß seine Pfleglinge auch vor Gemüse und Obst nicht haltmachen. In der Natur verschaffen sich die Tiere so zusätzliche Nährstoffe.

Da dieses Verhalten nicht generell auf alle Echsen zutrifft und Informationen darüber, welche Art in der Natur diese Zusatznahrung aufnimmt, oft nicht verfügbar sind, wird man nach dem Motto "Probieren geht über Studieren", experimentieren müssen.

Man bietet am besten kleingeschnittene Früchte und Gemüse in einer flachen Schale an und beobachtet, wie das betreffende Tier darauf reagiert. Man sollte das Experiment drei- bis viermal wiederholen. Bleibt die Schale immer noch unberührt, kann man davon ausgehen, daß diese Echse nicht vegetarisch veranlagt ist.

Angeboten werden können u. a. Bananen, Kiwis, Tomaten, Brokkoli, Früchtebrei, Melonen und grüner Salat. Eigentlich kann man alles ausprobieren, was weich und/oder süß ist und sich problemlos zerkleinern oder zerquetschen läßt.

Wasser

Ein oft übergangener Punkt in der Ernährung von Echsen ist Flüssigkeit in Form von Trinkwasser. Viele Wüstenbewohner benötigen kein Trinkwasser, sondern decken ihren Flüssigkeitsbedarf durch die Aufnahme von Feuchtigkeit über die Haut. Auch wenn eine Wüste sehr trocken erscheint, so gibt es doch auch dort morgendlich und/oder abendlich Tau, und in tieferen Bodenschichten ist es meist etwas feucht. Andere Echsenarten aber benötigen täglich frisches Trinkwasser. Dabei nehmen viele von ihnen Regenwasser aus kleinen Ansammlungen oder Tautropfen durch Auflecken zu sich.

Bei der Beobachtung seiner Tiere wird der Pfleger erkennen, auf welche Weise diese bevorzugt Wasser aufnehmen. Werden Tropfen von Blättern oder Terrarienscheiben aufgeleckt, so muß man täglich mindestens einmal durch Sprühen für eine ausreichende Tropfenbildung sorgen. Das sollte am besten morgens geschehen.

Zeigen sich die Tiere an diesem Angebot uninteressiert, ist zu vermuten, daß sie einen Wassernapf vorziehen würden. Hierfür wählt man ein Gefäß, das einfach zu reinigen ist und von den Tieren nicht umgeworfen werden kann. Es sollte sich an einem leicht zugänglichen Platz befinden, denn das Wasser muß täglich gewechselt werden. Der Wasserstand soll so berechnet sein, daß die Tiere nicht ertrinken können, falls sie in den Behälter fallen oder ein Bad darin nehmen wollen.

Werden Tiere gepflegt, die naturgemäß eine erhöhte Luftfeuchte benötigen, wird man um zusätzliches Sprühen einmal täglich nicht herumkommen. Hierbei sollte man auf den Kalkgehalt des Wassers achten und ihn nötigenfalls mit eines Wasserentkalker vermindern. Anderenfalls werden im Terrarium befindliche Pflanzen, Bodengrund und Glasscheiben bald mit einer häßlichen Kalkschicht bedeckt sein.

Dieses Kapitel beschäftigt sich nicht mit spezifischen Pflegeanleitungen zu den einzelnen Arten oder mit den Arten selbst, sondern es sollen noch einige spezielle Angaben zu ihrer Ernährung vermittelt werden.

Die verschiedenen Echsenarten wurden in Gruppen zusammengefaßt, die sich in ihren Ernährungsansprüchen unterscheiden. Die in diesen Gruppen vereinten Echsen haben also außer ihren sich ähnelnden Nahrungsbedürfnissen wenig gemeinsam.

Es werden neben den häufiger in der Terraristik anzutreffenden Arten auch solche, die als Futterspezialisten gelten, behandelt. Dabei sind die hier gemachten Angaben keinesfalls zu verallgemeinern. Es wird immer Situationen geben, in denen die betreffende Echse kein Interesse an den empfohlenen Futterarten zeigt, dafür aber mit Vorliebe etwas frißt, was auf dem Speiseplan ihrer Artgenossen nicht zu finden ist. Man sollte niemals vergessen, daß uns die ständig voranschreitende wissenschaftliche Forschung und die unschätzbaren Erfahrungen ernsthafter Terrarianer zu einem immer größeren Wissen über unsere Pfleglinge verhelfen, daß aber noch längst nicht alle Geheimnisse um sie herum gelüftet sind.

Rotkehlanolis bevorzugen das Auflecken von Wassertropfen und trinken nicht gern aus einem Gefäß.

M. GILROY

Krötenechsen gehören leider zu den Futterspezialisten.

R.D. BARTLETT

Nahrungsspezialisten

Krötenechsen

Diese Echsengruppe war in früheren Zeiten häufiger in der Terraristik vertreten. Es sind kleine Echsen, die man in ihrer Skurrilität fast schon als "niedlich" bezeichnen könnte. Allerdings wird das Bild dieses so perfekt erscheinenden Pfleglings durch die Tatsache getrübt, daß sich die meisten Arten dieser Gruppe vorwiegend von Ameisen und Termiten ernähren und sich kaum auf eine andere Nahrung umstellen lassen; zumindest nicht mit dauerhaftem Erfolg. Diese Phrynosoma-Arten fressen zwar im Terrarium auch Obstfliegen, kleine Grillen und Mehlwürmer, aber es scheint,

tenechsen mehr als nur zwei Jahre beträgt, ist die relativ kurzzeitige Haltbarkeit dieser Echsen mit großer Wahrscheinlichkeit in der Ernährung zu suchen. Hier sind Experten gefordert, die in Laboratorien mehr und bessere Möglichkeiten haben als der durchschnittliche Terrarianer.

Taubleguane

Die Vertreter der Gattung *Holbrookia* sind nicht so spezialisiert wie die Kötenechsen, stellen jedoch ebenfalls bestimmte Ansprüche an ihre Ernährung.

Da sie eine Gesamtlänge von 17 cm gewöhnlich nicht überschreiten, benötigen sie relativ kleines Futter. Sie sind, was ihr Futter betrifft, nicht besonders

Zur Haltung von Krötenechsen ist ein umfangreiches Wissen über ihren natürlichen Lebensraum, das Klima und ihre Ernährung erforderlich. Hier *Phrynosoma asio*. Foto: R.S. Simmons

daß diese Insekten die Tiere nicht mit den Nährstoffen versorgen können, die sie zum Überleben benötigen. Es sind Versuche gemacht worden, die Tiere mit einheimischen Ameisen am Leben zu halten, doch blieben auch diese ohne dauerhafte positive Ergebnisse.

Da man davon ausgehen kann, daß die natürliche Lebenserwartung von Krö-

wählerisch, so lange es nur klein genug ist. Das kann dem Pfleger schon Kopfschmerzen bereiten.

Sie bevorzugen Obstfliegen, ein bis zwei Wochen alte Grillen und frischgeschlüpfte Mehlwürmer. Das ist natürlich bei weitem nicht alles, was von ihnen gefressen wird, jedoch sind diese Futterinsekten am einfachsten zu beschaffen und vermitteln einen Eindruck über die passende Größe der Futtertiere.

Flugdrachen

Diese Echsen sind selten in Terrarien anzutreffen. Sie wären sicherlich sehr interessante und beliebte Terrarientiere, wäre da nicht wieder die Vorliebe für Ameisen und Termiten. Auch sie ernähren sich neben diesen von anderen kleinen Insekten wie Obstfliegen und frischgeschlüpften Grillen.

Die recht kleinen Draco-Arten mit ihrem einzigartigen Erscheinungsbild, benötigen viel Bewegungsfreiheit, so daß man sie besser dort lassen sollte, wo sie eigentlich hingehören, nämlich in die Natur.

Wüstenteufel

Die Agame mit dem ausgefallenen Namen trägt die wissenschaftliche Bezeichnung *Moloch horridus* und gehört ebenfalls zu den Raritäten in der Terraristik. Zur Ernährung benötigen sie täglich Hunderte von Ameisen. Damit sollte jedes Interesse an der Haltung dieser Tiere erlöschen. Der Wüstenteufel stammt aus Australien und steht dort unter strengstem Schutz.

Schlankskink

Sehr kleine Echsen, wie *Scincella lateralis*, benötigen extrem kleines Futter. Das geeignete Futter für Schlankskinke besteht aus frischgeschlüpften Grillen, winzigen Spinnen und flugunfähigen *Drosophila*.

Taggeckos

Diese wunderhübschen, tagaktiven Geckos der Gattung *Phelsuma* sind in der Terraristik ausgesprochen populär. Es gab Zeiten, in denen sie als schwer haltbar galten, bis man hinter das Geheimnis ihrer Ernährung kam.

Taggeckos, die ausschließlich mit Insekten ernährt werden, sind für ihren Pfleger keine lange Freude, denn für sie sind Früchte zur Vervollständigung ihres Speiseplans unerläßlich. Früchtebrei für

Taubleguane (hier *Holbrookia macillata approximatus*) sind die Freßfeinde kleiner Insekten wie Obstfliegen, Ameisen und ähnlichem.

R.D. BARTLETT

Oben: Der Blauschwanz-Taggecko *(Phelsuma cepediana)* benötigt neben kleinen Insekten auch Früchte zum Überleben.
Unten: Der australische Wüstenteufel *(Moloch horridus)*.

Babys, angereichert mit einem Vitaminpulver für Reptilien, scheint neben Obstfliegen, kleinen Grillen und Wachsmaden die ideale Ernährung zu sein. Zerquetschte Banane mit Honig wird gern gefressen.

Insektivore/carnivore Arten

Halsbandleguane
Hier handelt es sich um eine Gruppe von eng miteinander verwandten Echsen aus den trockeneren Teilen Nordamerikas. *Crotaphytus*-Arten erreichen eine Gesamtlänge von bis zu 40 cm und verfügen über einen guten Appetit. In der Natur ernähren sie sich scheinbar aus-schließlich von Insekten, fressen im Terrarium aber auch gern eine nestjunge Maus. Da sie eigentlich alles fressen, was sich bewegt, bereitet ihre Ernährung keine Probleme. Manchmal werden sogar die eigenen Jungtiere als willkommene Abwechslung betrachtet.

Tejus
Diese Gruppe großer, in Südamerika beheimateter Echsen, gehört zur Familie Teiidae. Tejus sind generell große und aggressive Tiere, die als Jungtiere rein insektivor sind. Als Alttiere steigen die meisten von ihnen auf Kleinsänger und Vögel um.

Vorangegangene Seite: Flugdrachen (hier *Draco blanfordii)* sind Agamen, die sich von Ameisen, Obstfliegen und frischgeschlüpften Grillen ernähren.
Foto: K.T. Nemuras

Oben: Der Schlankskink *(Scincella lateralis)* jagt kleine Spinnen, Grillen und ähnliches.
Foto: R.T. Zappolorti

K.H. SWITAK

Ein Halsbandleguan *(Crotaphytus bicinctores)* beim Verzehr einer Rennechse *(Cnemido-phorus tigris);* kein schöner Anblick.

R.D. BARTLETT

Der Chile-Teju *(Callopistes maculatus)* ernährt sich in seiner Heimat von vielen verschiedenen Tieren. Sein Appetit reicht von Spinnen bis zu Vögeln.

Warane

Die Jungtiere und einige der Zwergwaranarten der Gattung *Varanus* ernähren sich von Insekten. Die meisten Arten werden allerdings recht groß und stellen ihre Ernährung dann ebenfalls auf Wirbeltiere um. Je nach Größe des Warans frißt er alles von Mäusen bis Ziegen.

Basilisken

Die großen, zwischen 45 und 90 cm langen, arboreal lebenden, tropischen Echsen der Gattung *Basiliscus* fressen in der Natur überwiegend Insekten. Sie sind aber auch dafür bekannt, Kleinsänger und junge Vögel nicht zu verschmähen. Die Ernährung im Terrarium sollte zwar der natürlichen so ähnlich wie möglich gestaltet werden, jedoch kann man auf das Verfüttern von Vögeln ruhigen Gewissens verzichten. Grillen und Mäusebabys dürften einen ausreichenden Ersatz darstellen. Kronenbasilisken *(Laemanctus sp.)* und Helmleguane *(Corytophanes sp.)* stellen ähnliche Ansprüche an ihren Speiseplan.

Omnivore Echsen

Nashorn- und Schwarzleguane

Diese großen, aus dem tropischen Amerika stammenden Echsen sind echte Allesfresser. Sie beginnen ihr Leben als Insektenfresser, gehen aber schon bald darauf an kleine Säugetiere und auch an vegetarische Nahrung. Schwarzleguane *(Ctenosaura sp.)* ernähren sich mehr von tierischer Nahrung als Nashornleguane *(Cyclura sp.)*. Da die meisten von ihnen zu den geschützen Arten zählen, sind sie teuer und selten erhältlich.

Grüne Leguane und Wasseragamen

Der Grüne Leguan *(Iguana iguana)* wird oft als ein reiner Vegetarier bezeichnet. Das mag zwar auf viele der Alttiere zutreffen, jedoch keinesfalls auf die Jungtiere. Juvenile Leguane sind Allesfresser, die sich zu gleichen Teilen von Insekten und Grünzeug ernähren. Fehlt die tierische Komponente während der Aufzuchtphase, entwickeln sich die Jungtiere nur langsam und sind anfällig für Krankheiten.

R. SPRACKLAND

Der wunderschöne Smaragdwaran *(Varanus prasinus)* bevorzugt Insekten, Spinnen und Vögel als Nahrung.

Mit zunehmendem Alter fressen sie immer mehr Grünfutter, und im Erwachsenenalter, mit einer Größe von etwa einem Meter, nimmt der Anteil an tierischer Nahrung nur noch weniger als 10% ein. Die asiatisch/australischen Wasseragamen *(Physignathus*-Arten) stehen zwar in keinem verwandtschaftlichen Verhältnis zu den neuweltlichen Leguanen, ernähren sich aber auf sehr ähnliche Weise. Der einzige Unterschied besteht in dem höheren Anteil tierischer Nahrung bei den Alttiere dieser Gruppe. Sogar junge Mäuse wer-

den nicht verschmäht.

Blauzungenskinke und Tannenzapfenechsen

Diese großen, meist aus Australien stammenden Skinke der Gattungen *Tiliqua* und *Trachydosaurus,* werden meist als reine Vegetarier betrachtet. Allerdings sind mit einem guten Anteil von tierischer Nahrung in ihrer Ernährung viel bessere Haltungserfolge erzielt worden.

Als vergleichsweise große Echsen stillen sie ihren Appetit durch die Jagd auf Beutetiere. Der Blauzungenskink frißt große Insekten, wie Schaben und Zweifleckgrillen, neben Grünfutter und auch kleine Wirbeltiere, wie Mäuse und andere Echsen. Die Tannenzapfenechse bevorzugt Regenwürmer und Schnecken, verschiedene Insekten sowie größere Mengen von vegetarischer Nahrung.

Insektivore Echsen

Ameiven

Ameiva-Arten gehören in die Familie Teiidae und bilden eine Echsengruppe, die in Zentral- und Südamerika beheimatet ist. Dort bewohnen sie unterschiedliche Lebensräume, die von Savannen bis in die Regenwälder reichen. Es handelt sich um aktive, mittelgroße Echsen mit einer Gesamtlänge von 30 bis 60 cm, die sich in der Natur hauptsächlich von Insekten ernähren. Bei einer optimalen Terrarienhaltung erweisen sie sich als sehr willige Fresser von Spinnen, Insekten, Mäusebabys, aber auch von anderen Echsen. Man sollte sie also nicht mit kleineren Echsen vergesellschaften.

Eidechsen

Die Echsen aus Europa, dem südlichen Asien und Afrika ernähren sich ähnlich den Ameiven. Sie verlangen Insekten wie Grillen und Mehlwürmer als Grundfutter, nehmen aber auch gelegentlich nestjunge Mäuse und pflanzliche Nahrung an. Die Größe der einzelnen Eidechsenarten liegt zwischen 15 und 75 cm. Die meisten Arten unterstehen dem Artenschutzgesetzen.

A. KERSTITCH

Oben: Dieser junge Basilisk wird bei einer mit Vitaminen und Calcium angereicherten Ernährung bestens gedeihen.
Unten: Wasseragamen *(Physignathus concincinus)* sind Allesfresser aus der Alten Welt und die Gegenstücke zu den *Iguaniden* aus Amerika.

R.D. BARTLETT

K.T. SWITAK

Tannenzapfenechse *(Trachydosaurus rugosus)*,
(oben) und Blauzungenskink *(Tiliqua nigrolutea)*,
(unten) sind willige Allesfresser.

R.D. BARTLETT

R.D. BARTLETT

Ameiven, hier *Ameiva ameiva bifrontata*, sind tropische, insektivore Echsen, die für ihr Wohlbefinden ein geräumiges Terrarium beanspruchen.

Stachelleguane

Diese große Echsengruppe repräsentiert die Gattung *Sceloporus*. Es sind aktive und oft scheue Tiere aus Nord- und Zentralamerika, die rein insektivor sind. Wegen ihrer geringen Größe von nur 15 bis 35 cm ist jedes Futterinsekt, das größer als eine ausgewachsenen Grille ist, bereits zu groß für sie.

In der Natur werden ausschließlich kleinere Insekten und Spinnen verzehrt, die auch im Terrarium die Hauptnahrung bilden sollten. Sie sind anpassungsfähige und robuste Pfleglinge, die jedem Terrarianer viel Freude bereiten können.

Anolis

Hier handelt es sich um die wahrscheinlich bekannteste Echsengruppe in der Terraristik, die Gattung *Anolis*. Dazu gehört der Rotkehlanoli *(Anolis carolinensis)*, der auch als das Amerikanische Chamäleon bezeichnet wird, genauso wie über 300 andere Arten, die von Südamerika über die Karibischen Inseln bis in den Südosten und Mittelwesten der Vereinigten Staaten verbreitet sind.

Rotkehlanolis eignen sich ausgezeichnet für den Anfänger in der Terraristik, denn sie sind robust, anpassungsfähig und verkraften schon den einen oder ande-

Ein Männchen der Smaragdeidechse *(Lacerta viridis)* in seinem lichten Waldbiotop. Foto: W. Kirsche

ren Fehler, der dem Anfänger verziehen sein mag.

Die meisten *Anolis* sind mit 15 bis 25 cm recht klein, allerdings erreichen einige von ihnen, wie *Anolis equestris*, Längen von bis zu 45 cm. Die kleinen Arten fressen ausschließlich Insekten und kleine Wirbellose. Die größeren Arten beziehen manchmal kleinere Echsen und Mäuse in ihre Ernährung mit ein. Viele *Anolis*-Arten fressen auch gerne Früchte.

Kielschwanzleguane

Die Gattung *Leiocephalus* umfaßt mehrere Arten, die auf den Inseln der Karibik beheimatet sind. Es gibt nahe verwandte Arten in Südamerika und eine eingeschleppte Kolonie von Rollschwanzleguanen in Florida. Wie viele

W.B. ALLEN, JR.

Einige der farbenprächtigeren *Anolis* sind in der Terraristik nicht sehr häufig vertreten. Unzugängliche Gebiete oder Gesetze machen sie schwer erhältlich. Hier: *Anolis bimaculatus*.
Foto: D. Green

Zaunleguane, hier *Sceloporus orcutti*, sind schnelle, lebhafte Echsen, die vom Süden der Vereinigten Staaten bis nach Zentralmexiko beheimatet sind.

D. GREEN

andere Leguane sind auch sie sehr aktiv und aggressiv und bilden Reviere, die sie hartnäckig verteidigen. Diese rein insektivoren Echsen wachsen auf eine Länge von 20 bis 40 cm heran und verzehren viele unterschiedlich große Insektenarten und andere kleine Wirbellose. Die größeren Arten akzeptieren im Terrarium auch nestjunge Mäuse als Bestandteil ihrer Ernährung.

Agamen

Zur Zeit gehören mehr als 60 Arten zur Gruppe der Agamen, weshalb einige Wissenschaftler vorgeschlagen haben, die Gattung *Agama* in mehrere kleine aufzuspalten. Agamen sind Bewohner Europas, Asiens und Afrikas. Mit ähnlichen Körperlängen wie die neuweltlichen kleinen Leguane ernähren sie sich auf dieselbe Weise von Insekten und Wirbellosen.

Skinke

Weltweit gesehen gibt es eine große Artenvielfalt von Skinken, so daß selbst die Wissenschaftler Probleme haben, deren genaue Anzahl festzulegen. Einige Arten, wie der Blauzungenskink von Neu-Guinea und aus Australien, werden mit 45 bis 76 cm Gesamtlänge recht groß. Die Mehrheit der Skinke wird allerdings gewöhnlich nicht länger als 10 bis 35 cm. In den meisten Fällen zeigen alle Skinke ein sehr ähnliches Erscheinungsbild, das von kurzen Beinen, langen Schwänzen und einer glänzenden Beschuppung geprägt wird. So verwundert es nicht, daß auch ihre Ernährungsansprüche recht ähnlich sind. Skinke sind normalerweise sehr scheue, aber lebhafte Tiere, die man am häufigsten in Wäldern oder im Sand und zwischen Steinen in Wüsten und Savannen antreffen kann. Sonnenbäder sind bei vielen von ihnen nicht so sehr beliebt wie bei den meisten anderen Echsen.

In der Natur ernähren sie sich von einer Vielzahl von Insekten und anderen kleinen Wirbellosen. Skinke eignen sich im allgemeinen für die Terrarienhaltung recht gut, denn sie sind sehr anpassungsfähig und nicht wählerisch was ihre Nahrung angeht.

Geckos

Geckos sind ebenfalls weltweit vertre-

Oben: Die Agamen bilden eine große, artenreiche Familie, die überwiegend insektenfressende Arten, wie diese *Agama atra knobeli* aus Namibia, umfaßt. Foto: P. Freed. **Unten:** Glattkopfleguane, hier *Leiocephalus schreibersi*, sind aktive Bewohner der Strauchsavannen auf den Karibischen Inseln. Foto: G. Dingerkus

R.D. BARTLETT

Ein adultes Männchen von *Eumeces schneideri*, dem Tüpfelskink.

Da ist als Beispiel der Schneckenskink *(Tiliqua gerardii)*, der sich, wie sein Trivialname schon andeutet, überwiegend von Schnecken ernährt. Mertens-Wasserwaran *(Varanus mertensi)* besitzt eine ausgesprochene Vorliebe für Süßwasserkrabben. Er ist aber im Terrarium auch an Mäuse und Fische zu gewöhnen.

Die Geckos bilden eine Familie aus weitverbreiteten Insektenfressern, die generell nachtaktiv sind und versteckt leben. Hier *Hemidactylus turcicus,* der Europäische Halbfingergecko. Foto: K.T. Nemuras

ten, ihre größte Artenvielfalt erreichen sie jedoch in den tropischen und subtropischen Regionen der Erde. Es handelt sich überwiegend um nachtaktive Insektenjäger, die auch andere Wirbellose und Echsen fressen.

Im Terrarium werden von den größeren Arten gerne Mäusebabys als Ersatz für andere Echsen akzeptiert. Die meisten Geckoarten, wie der Tokeh *(Gekko gecko)*, die Faltengeckos *(Ptychozoon sp.)* und die Scheibenfingergeckos *(Hemidactylus sp.)* und viele andere, besitzen unter ihren Füßen Haftlamellen, die ihnen das Klettern auch an vertikalen und scheinbar glatten Flächen ermöglichen. Andere Arten, wie der Leopardgecko *(Eublepharis macularius)* oder der Gebänderte Krallengecko *(Coleonyx variegatus)*, verfügen nicht über solche Haftlamellen und sind rein terrestrische Echsen.

Das ist natürlich nur eine kleine Auswahl von insektenfressenden Echsenarten, die es weltweit gibt und die sich für die Terraristik eignen würden. Es gibt aber noch viel mehr Futterspezialisten, als hier berücksichtigt werden konnten.